# 천방지축 천년손이와
# 사자성어 신비 탐험대 2

대나무 숲을 떠도는 오싹한 소문의 정체

김성효 지음
캔지민 그림

Little A

## 저자의 말

　사랑하는 어린이 독자 여러분, 안녕하세요. 이 책을 쓴 성효 선생님입니다.
　천년손이는 도술을 공부하는 꼬마 신선이에요. 닥락궁 도술학교에서 일곱 가지의 신비한 도술을 공부하지요. 하지만 닥락궁에 검은 매화단이라는 악당들이 쳐들어오면서 어쩔 수 없이 인간 세상에 내려오게 됐어요. 닥락궁을 지키는 깨달음의 두루마리가 반으로 찢어지면서 두루마리에 있던 모든 글자가 세상으로 흩어져 버렸거든요.

　천년손이는 용족 자래, 구미호족 수아와 함께 백 일 안에 글자들을 모두 찾아내야 해요. 천년손이는 닥락궁을 구하기 위해, 검은 매화단은 세상을 악의 힘으로 지배하기 위해 글자들을 찾고 있지요. 과연 누가 더 빨리 글자들을 찾아낼 수 있을까요?

천년손이 사자성어 신비 탐험대는 글자들을 찾아낼 때마다 도술을 더 많이, 더 잘 부릴 수 있게 돼요. 놀랍게도 그건 우리 어린이 여러분도 마찬가지랍니다. 이 책을 읽으며 천년손이가 찾아내는 글자들을 여러 번 반복해서 말하다 보면 신비하고 놀라운 도술을 부릴 수 있게 돼요. 어떤 도술이냐고요? 어려운 책을 더 술술 읽게 되고, 공부가 쉬워지는 도술이에요. 정말 놀라운 도술이지요. 잠깐에 그치는 게 아니라 정말로 매일 조금씩 더 공부가 재미있어지는 신비한 경험을 하게 될 거예요.

꼭 입으로 반복해서 말해 보는 게 중요해요. 이 책을 읽고 나서 부모님이랑 이야기할 때, 친구들이랑 이야기할 때, 책에 나오는 사자성어들을 활용해 보세요. "엄마, 나 피아노 실력이 일취월장(日就月將)하고 있어." 이렇게요. 아마 다들 깜짝 놀랄걸요? 여러분이 사자성어만 잘 아는 게 아니라 공부도 더 잘하게 되었다는 사실에 말이에요.

우리 함께 떠나 봐요, 신비한 사자성어의 모험으로!

## 주요 인물 소개

### 천년손이

닥락궁의 꼬마 신선. 검은 매화단으로부터 신선계를 지키기 위해 수아, 자래와 함께 모험을 떠났다. 생각보다 행동이 앞서는 면이 있지만, 정의롭고 의협심이 강하다. 아무도 모르는 출생의 비밀을 가지고 있다.

### 수아

세상에 남은 마지막 구미호족. 호기심이 많고 영리하다. 큰 귀로 아주 작은 소리까지 들을 수 있고, 밝은 눈으로 어둠 속에서도 꿰뚫어 볼 수 있으며, 코로는 세상의 모든 냄새를 구분할 수 있다. 변신술과 궁술에 능하다.

### 자래

서해 용왕의 여덟째 아들. 말수가 적고 진중한 성격이라 평소에는 눈에 띄지 않지만, 위기 상황이 닥치면 누구보다 빠르게 상황을 파악하고 대책을 모색하는 전략가이다. 물을 다스리는 벽파검을 다루는 등 검술에 뛰어나다.

### 김 씨 아저씨
아랫마을에서 바느질 솜씨가 좋기로 소문난 재주꾼. 다정하고 따스한 마음을 지녀 곤경에 처한 사람을 그냥 지나치지 못한다.

### 도깨비

500년 넘게 살아 온 도깨비로 김 씨 아저씨의 인품에 반해 곁에 머물며 은밀히 돕고 있다. 천년손이 삼총사에게 일을 해결할 실마리를 알려 준다.

### 임금님
원래는 선한 통치자였으나 복두장의 계략에 빠져 백성을 돌보지 않게 되었다. 숨기고 싶은 비밀이 밝혀질까 봐 매일 전전긍긍한다.

### 복두장

임금님의 두건을 만드는 일을 하며, 늘 임금님 곁을 맴돈다. 무언가를 숨기는 듯 수상쩍은 부분이 많다.

### 검은 매화단
신선 세계를 멸망시키고 그들의 힘을 빼앗으려 하는 암흑의 집단. 검은 매화단의 배후와 감춰진 힘은 아직 알 수 없다.

## 차례

저자의 말      002
주요 인물 소개      004

1. 격돌! 천년손이 삼총사와 검은 매화단 : **백발백중(百發百中)**      008
2. 대나무 숲에 갇히다 : **진퇴양난(進退兩難)**      016
3. 숲속을 떠도는 음산한 목소리 : **삼십육계(三十六計)**      027
4. 검은 그림자의 탈출 : **일파만파(一波萬波)**      032
5. 의지할 데 없는 막막한 처지 : **고립무원(孤立無援)**      042
6. 화려한 임금님과 가난한 백성들 : **금은보화(金銀寶貨)**      051
7. 달콤하기만 한 말과 충성스러운 말 : **감언이설(甘言利說)**      058
8. 무엇이든 꿰매는 신통한 바늘 : **각골난망(刻骨難忘)**      064
9. 도깨비 할아버지의 조언 : **다정다감(多情多感)**      071
10. 수상한 복두장 : **표리부동(表裏不同)**      078

| | | |
|---|---|---|
| 11. | 복두장의 넘치는 욕심 : 견물생심(見物生心) | 087 |
| 12. | 검은 매화단의 속셈 : 이이제이(以夷制夷) | 096 |
| 13. | 발 없는 말이 천리 간다 : 멸문지화(滅門之禍) | 104 |
| 14. | 화가 난 임금님 : 동상이몽(同床異夢) | 111 |
| 15. | 대나무 숲에 간 사람은 누구? : 등하불명(燈下不明) | 119 |
| 16. | 꿈에서 얻은 깨달음 : 비몽사몽(非夢似夢) | 129 |
| 17. | 세상에서 가장 용감한 글자 : 개과천선(改過遷善) | 139 |
| 18. | 한바탕 소동 : 화룡점정(畵龍點睛) | 148 |
| 19. | 사라진 요술 부채 : 새옹지마(塞翁之馬) | 158 |
| **부록** | 깨달음의 두루마리 속 신통방통 사자성어 | 168 |

# 격돌! 천년손이 삼총사와 검은 매화단
## 백발백중(百發百中)

대나무 숲에 휘이잉, 세찬 회오리바람이 불어왔다. 순간 번쩍하고 눈부신 황금빛이 사방으로 퍼져 나갔다.

"여긴 어디지?"

천년손이는 하늘을 찌를 듯이 높이 솟은 대나무 숲 한복판에 서 있었다.

"어머, 오라버니. 여긴 어디예요?"

수아의 여우 귀가 쫑긋거렸다.

"깨달음의 두루마리가 우릴 새로운 곳으로 이끌었나 봐."

천년손이가 중얼거렸다.

"그럼 이 대나무 숲에 신비한 글자들이 있다는 걸까요?"

수아는 여전히 어리둥절한 표정이었다.

"검은 매화단보다 빨리 글자들을 찾아내야 해. 의술 스승님이 백 일 안에 글자들을 모두 찾아서 닥락궁으로 돌아와야 한다고 하셨잖아."

자래의 말이 끝나기도 전에 휘이잉 하는 회오리바람이 다시 대나무 숲 한복판에 휘몰아쳤다. 눈부신 황금빛이 번쩍하더니, 검은 두건을 쓰고 검은 복면을 한 검은 매화단 무리가 대나무 숲 한복판에 나타났다.

"검은 매화단이다!"

천년손이와 자래, 수아는 눈이 동그래졌다.

검은 매화단과 천년손이, 자래, 수아의 눈이 마주쳤다.

"신선 후보생들이다!"

검은 매화단도 소리쳤다.

"잘됐다. 녀석들이 가지고 있는 깨달음의 두루마리를 어서 빼앗아라!"

검은 두건에 하얀 매화가 세 송이 그려진 검은 매화단 단주가 외쳤다.

"네, 단주님!"

검은 매화단은 **여럿이지만 한 몸처럼 일시불란**(一絲不亂)하게 움직였다. 챙챙, 하고 칼을 뽑아 드는 요란한 소리가 대나무 숲에 울려 퍼졌다.

"뒤로 물러서!"

자래가 등에 메고 있던 기다란 칼을 꺼냈다. 그동안은 연습용 목검만 써 봤지, 진짜 검을 써 본 적이 없었다. 하지만 얼마 전 깨달음의 두루마리에 **살신성인**(殺身成仁) 사자성어를 모은 뒤로 자래는 진검을 다룰 수 있게 됐다. 자래가 푸르스름하게 빛나는 칼을 손에 움켜쥐는 순간, 대나무 숲속으로 서늘한 바다의 기운이 밀려들었다. 심지어 철썩거리는 파도 소리도 들리고, 짭조름한 바다 냄새마저 느껴졌다.

"이게 웬 바다 냄새지?"

검은 매화단은 영문을 몰라 고개를 갸웃거렸다.

"조심해라, 저건 푸른 파도의 검, 벽파검(碧波劍)이다!"

검은 두건에 하얀 매화가 두 송이 그려진 검은 매화단 부단주가 큰 소리로 외쳤다.

"벽파검이라고?"

"저게 그 전설의 벽파검이란 말이야?"

검은 매화단은 움찔하면서 뒷걸음질했다.

"벽파검은 파도를 일으키고 바다를 가르는 검이다. 저 녀석이 대체 뭔데, 서해 용왕의 보물인 벽파검을 가진 것이냐."

검은 매화단의 단주가 눈살을 찌푸렸다.

"단주님, 서해 용왕이 여덟째 아들을 닥락궁 도술학교로 전학을 보내면서 아들에게 벽파검을 선물로 줬다고 합니다."

부단주가 단주의 귀에 소곤거렸다.

"뭐라고? 그렇다면 저 쪼끄만 신선 후보생 녀석이 서해 용왕의 아들이란 말이냐?"

단주는 목덜미에 푸르스름한 용 비늘이 뒤덮인 자래를 빤히 바라보았다. 자래는 두 손으로 벽파검을 꼭 움켜쥐었다.

"아마도 그런 것 같습니다."

부단주가 낮은 소리로 대답했다.

"용궁이랑 얽히면 골치 아픈데……."

단주는 잠시 고민하는가 싶더니, 흐음 하고 긴 한숨을 내쉬었다.

"그래도 깨달음의 두루마리는 빼앗아야 한다."

단주는 결심했다는 듯 단호하게 말했다.

"저 녀석은 용족이지만, 아직 도력이 얕아서 벽파검을 제대로 못 쓸 것이다. 두려워하지 말고 두루마리를 빼앗아라!"

단주가 명령을 내렸다.

"네, 단주님!"

검은 매화단은 다시 한 걸음 앞으로 나섰다.

"오라버니, 안 되겠어요."

수아가 소매에서 손가락만 한 활을 꺼내 입김을 훅 불어 넣자 활이 펑 소리를 내면서 커다래졌다. 수아는 정신을 집중한 다음 활시위를 당겼다. 투명하게 빛나는 화살이 허공에 생겨났다. 수아는 투명 화살을 검은 매화단을 향해 겨누었다.

"우와, 수아야. 투명 화살이 기다랗게 만들어졌어."

천년손이의 눈이 휘둥그레졌다.

인간들의 활은 몇 번 쏘면 화살이 다 떨어지지만 신선들의 활은 다르다. 도력으로 투명한 화살을 만들어 쏘기 때문에 상대방은 화살이 어디에서 날아오는지 짐작할 수도 없거니와 도력만 있다면 끝도 없이 화살을 만들어 내서 활을 쏠 수 있다.

구미호족 수아는 닥락궁 도술학교에서 궁술을 가장 잘하는 신선 후보생이다. 궁술 수업 시간에 투명 화살을 날렸다 하면 모두 명중이었다. **백 발 쏘면 백 발 다 맞히는 백발백중(百發百中)**의 실력이었다. 다만, 도력이 약해서 지금까진 겨

우 손바닥만 한 투명 화살을 만드는 정도였다. 그런데 방금 수아가 고드름처럼 기다랗고 투명한 화살을 만들어 낸 것이다.

"와, 수아야. 대단한데?"

자래도 놀라서 눈이 동그래졌다.

"아무래도 깨달음의 두루마리 덕분인 것 같아."

수아의 여우 귀가 기분 좋다는 듯 쫑긋거렸다.

깨달음의 두루마리는 그 힘이 끝을 알 수 없을 만큼 **무궁무진**(無窮無盡)했다. 천년손이는 깨달음의 두루마리를 쓴 다음부터 변신술을 **자유자재**(自由自在)로 마음껏 부릴 수 있게 됐고, 수아도 기다란 투명 화살을 만들어 내게 됐다. 세 사람의 도술 실력은 날이 가고 달이 갈수록 **일취월장**(日就月將)하면서 빠르게 늘고 있었다.

 ## 대나무 숲에 갇히다
# 진퇴양난(進退兩難)

"뭣들 하느냐! 쳐라!"

단주가 다시 한번 호통을 쳤다.

"예, 단주님!"

검은 매화단은 천년손이와 수아, 자래를 향해 있는 힘껏 칼을 휘둘렀다. **까딱 잘못하면 크게 다칠 수 있는 일촉즉발**(一觸卽發)의 순간이었다.

자래가 빙그르르 회전하면서 벽파검을 휘둘렀다.

"**천하제일**(天下第一) 검법 제2장, **용호상박**(龍虎相搏), 용과 호랑이가 싸우는 기세!"

검술 시간에 살장군이 가르쳐 준 천하제일 검법이었다. 천하에서 으뜸인 천하제일 검법이 펼쳐지자, 파파팟 소리와 함께 대나무 잎들이 파란 비가 내리듯 우수수 떨어져 내렸다.
"피해, 천하제일 검법이다!"
 부단주가 외쳤다. 대나무 잎들은 날카로운 표창처럼 변해서 땅으로 파바박 소리를 내며 꽂혔다. 검은 매화단은 대나무 잎들을 피해 재빠르게 흩어졌다.
 그 순간을 놓치지 않고, 천년손이는 소매에서 손바닥만 한 부적을 꺼내서 공중으로 힘껏 던졌다.
"변해라, 밧줄!"
 천년손이가 재빨리 주문을 외웠다.

천년손이에게서 깨달음의 두루마리의 힘이 뿜어져 나왔다. 천년손이의 검은 머리카락이 순간 황금빛으로 물들면서 은은하게 빛났다. 펑 하는 소리를 내면서 부적이 황금 밧줄로 변했다. 황금 밧줄은 올가미처럼 대나무 꼭대기에 칭칭 동여매졌다.

"지금이에요, 오라버니!"

수아가 황금 밧줄을 타고 올라가면서 투명 화살을 날렸다. 피융, 피융, 소리를 내면서 투명 화살은 검은 매화단 앞으로 마구 쏟아졌다. 검은 매화단은 눈에 보이지 않는 투명 화살을 피해서 **이리 뛰고 저리 뛰어다니면서 우왕좌왕**(右往左往)했다. 그 틈을 타서 천년손이와 자래, 수아는 대나무 위로 올라갔다.

"녀석들을 쫓아라! 한 놈도 놓쳐선 안 된다!"

부단주가 소리쳤다. 검은 매화단은 대나무를 타고 기어오르기 시작했다. 자칫하면 검은 매화단에게 잡힐 것 같았다.

수아가 다시 활을 들어 올렸다.

"검은 매화단을 나무에서 떨어뜨려야겠어요."

피유융, 하는 소리와 함께 투명 화살이 허공을 가로질렀다.

화살은 검은 매화단이 올라오던 대나무 가지에 명중했다.

"역시 수아의 궁술은 최고야. **백발백중**(百發百中)이라니까!"

자래와 천년손이가 감탄하는 사이, 한 대, 또 한 대, 수아가 투명 화살을 날렸다. 대나무 가지는 맥없이 두 동강으로 부러졌다.

"으아아, 떨어진다. 조심해!"

검은 매화단은 **손써 볼 겨를도 없이 속수무책**(束手無策)으로 아래로 떨어져 내렸다.

"어서 쫓아라, 두루마리의 나머지 반쪽을 빼앗아야 한다!"

단주가 재촉했다. 검은 매화단은 하는 수 없이 대나무를 다시 기어올라야 했다.

"부단주가 나서도록 해라!"

단주는 부단주에게 천년손이를 쫓도록 했다. 부단주가 뒤쪽 대나무에서 기어오르기 시작했다.

"앞에선 검은 매화단이 쫓아오고 있고, 뒤에선 부단주가 쫓아오잖아. 이거야말로 **진퇴양난**(進退兩難)이군. 이제 어떻게 하지?"

자래가 초조한 듯 입술을 잘근잘근 깨물었다.

"진퇴양난이 뭔데?"

천년손이가 물었다.

"**앞으로도 못 가고, 뒤로도 물러설 수 없단 뜻**이에요, 오라버니. 빠져나갈 길이 없다는 거죠."

수아가 빠르게 설명했다.

"길이 없으면 길을 만들면 되잖아."

천년손이가 씩 웃었다.

"대나무 위에서 길을 어떻게 만든다는 거야?"

자래와 수아가 눈이 동그래졌다.

"으음, ……자래 너는 이렇게 하고, 수아 너는 이렇게 하는 거야. 그리고 나는…… 이렇게 하는 거지. 어때?"

역시 꾀 많은 천년손이다웠다.

"아하, 그래. 그러면 되겠다."

수아와 자래는 얼굴이 환하게 밝아졌다.

자래가 여의주를 꺼내 들고 주문을 외웠다.

"**오리무중**(五里霧中), **다섯 리 밖까지 안개로 뒤덮여라!**"

여의주에서 희뿌옇게 안개가 뿜어져 나오더니, 눈 깜짝할 새에 대나무 숲을 뒤덮었다.

"앞이 안 보입니다!"

검은 매화단이 대나무에 매달린 채 소리쳤다. 검은 매화단이 안개 속에서 주저하는 그때, 천년손이가 자래와 수아에게 속삭였다.

"됐어. 지금이야!"

천년손이는 우물쭈물하는 검은 매화단 왼쪽으로 살금살금 다가갔다. 그러고는 딱 소리가 나게 꿀밤을 때렸다.

"여우 꼬리 맛 좀 봐라!"

수아는 커다란 여우 꼬리를 넓게 펼쳐서는 검은 매화단 오른쪽에서 퍽 소리가 나게 때렸다. 자래는 벽파검의 검집으로

왼쪽으로 가야 할지 오른쪽으로 가야 할지 우왕좌왕하는 검은 매화단을 힘껏 떠밀었다. 쿵 하는 소리와 함께 검은 매화단이 아래로 떨어져 내렸다.

안개 속에서 딱, 퍽, 쿵, 퍽, 딱, 쿵 하는 소리가 들려왔다.

"아이구, 아파, 아이고야, ……으아아악!"

"아야야얏……, 앞이 안 보입니다!"

검은 매화단은 사정없이 곤두박질쳤다.

"서둘러라. 녀석들을 잡아라!"

부단주가 안개 속에서 소리 질렀지만 소용없었다. 검은 매화단은 대나무 위로 올라갈 때마다 퍽, 딱, 쿵 소리와 함께 바닥으로 굴러떨어졌다. 검은 매화단의 온몸은 여기저기 멍이

들고 상처투성이였다.

"흥, 쪼끄만 신선 후보생들이 이런 잔꾀를 부리다니……. 좋다. 우리도 그냥 갈 수 없지. 녀석들 모르게 사방에 결계를 쳐라."

단주가 작은 소리로 검은 매화단에게 명령했다.

"네, 단주님!"

검은 매화단은 **여러 명이면서도 마치 한 몸인 듯 일시불란(一絲不亂)**하게 움직였다. 품에서 검은 매화가 그려진 부적을 꺼내더니, **동서남북(東西南北)**으로 던졌다. 부적들은 **사방팔방(四方八方) 여러 방향**에서 펑, 펑, 소리를 내면서 순식간에 대문만큼이나 커졌다.

"**기문둔갑(奇門遁甲)** 도술! 숲을 헤매고 맴돌아라, 얍!"

검은 매화단은 기문둔갑 도술로 대나무 숲에 결계를 쳤다.

"단주님, 결계를 쳤으니, 신선 후보생 녀석들은 이제 대나무 숲에 갇혀서 꼼짝도 못 할 것입니다."

부단주가 낮은 소리로 말했다.

"흥, 신선 후보생 그 쪼끄만 녀석들, 고생 좀 하겠군. 하하하."

단주는 기분 좋은 듯 큰 소리로 웃었다.

"아참, 단주님. 그럼 그 도깨비는 어찌할까요. 우리가 지난밤에 감투를 빼앗은 것 때문에 화가 나서 이 숲에 메아리 도술을 걸어 둔 모양입니다."

부단주가 작은 소리로 말했다.

"메아리 도술은 작은 소리도 크게 퍼져 나가는 도술입니다. 만약 우리가 나눈 이야기를 도깨비가 엿듣기라도 했다면 골치 아플 텐데요. 이번 사자성어를 찾는 데는 도깨비감투가 꼭 있어야 하지 않습니까. 단주님."

"그래봐야 하찮은 도깨비가 아니냐. 도깨비 따위가 우리 검은 매화단을 방해할 수는 없다. 저 신선 후보생 녀석들은 어떻게 된 일인지 아직 눈치채지 못했겠지?"

"네, 녀석들은 어젯밤 이 숲에서 벌어진 일을 아직 잘 모르는 것 같습니다."

부단주와 단주는 낮은 소리로 소곤거렸다.

"다행이군. 녀석들이 이것저것 알아 봐야 괜히 걸리적거리면서 방해만 될 것이다. 우린 녀석들이 아무것도 모른 채 결계에 갇혀서 옴짝달싹 못 하는 사이에 사자성어들을 찾으러 간다. 알겠느냐."

단주가 나직한 소리로 말했다.

"네, 단주님!"

검은 매화단은 순식간에 대나무 숲을 빠져나갔다. 그들 중 누구도 대나무 숲에 숨어 있는 검은 그림자를 미처 알아차리지 못했다. 대나무 숲은 언제 그랬냐는 듯 금세 고요해졌다.

## 3  숲속을 떠도는 음산한 목소리
# 삼십육계(三十六計)

천년손이와 자래, 수아는 조심스레 대나무 아래로 내려왔다.

"신비한 힘이여, 돌아오라."

자래가 여의주를 만지작거렸다. 안개는 순식간에 여의주 속으로 빨려 들어갔다. 자욱했던 안개가 걷히자, 대나무 숲이 울창한 모습을 드러냈다.

"없다, 없어. 검은 매화단이 정말로 갔나 봐. 하아, 다행이다."

천년손이가 숲을 둘러보고는 활짝 웃었다.

"야호! 우리가 검은 매화단을 물리쳤다!"

천년손이와 자래, 수아는 검은 매화단의 꿍꿍이는 상상도 못 한 채 **박수를** 치면서 큰 소리로 웃어 댔다.

천년손이 삼인방이 **박장대소**(拍掌大笑)하는데, 어디선가 웅웅거리는 소리가 들려왔다.

"어, 이게 무슨 소리지?"

수아가 여우 귀를 쫑긋거렸다.

"무슨 소리? 난 안 들리는데?"

천년손이는 고개를 갸우뚱했다.

"쉿, 잘 들어 보세요."

수아는 구미호라 유난히 귀가 밝았다. 스산하고 음침한 기운이 잔뜩 스며 있는 바람 소리가 수아의 귀엔 유독 크게 들려왔다.

"이 숲에 귀신이라도 있는 거 아닐까?"

천년손이가 눈이 동그래졌다.

"말도 안 돼. 무슨 귀신이야. 깨달음의 두루마리가 우릴 이 숲으로 이끈 건 그만한 이유가 있을 거야. **십중팔구**(十中八九) 사자성어들도 근

처에 있겠지."

"십중팔구가 뭔데?"

"**열의 여덟이나 아홉은 그 말이 맞단 뜻**이야."

"자래 너도 십중팔구 다 맞는 말만 하잖아. 넌 우리 닥락궁에서 **아는 게 가장 많은 박학다식**(博學多識)한 신선 후보생이야."

천년손이는 자래에게 엄지를 척 내밀었다.

자래는 쑥스러운 듯 얼굴을 붉혔다.

그때 웅웅거리는 음산한 소리가 다시 대나무 숲에서 들려왔다. 수아가 쉿, 하는 시늉을 해 보였다.

"왜애?"

천년손이가 입 모양으로 물었다.

"방금 누가 또 속삭였어요."

수아가 이마를 찌푸렸다.

"뭐라고 했는데?"

자래가 물었다.

"으음……. 귀가 어쩌고 했어."

수아가 고개를 갸우뚱했다.

"귀? 무슨 귀? 이 대나무 숲 진짜 뭐가 있는 것 아닐까."

천년손이가 몸을 부르르 떨었다. 키가 높이 자란 대나무들은 하늘을 찌를 것처럼 빽빽하고 울창했다. 바람에 이리저리 흔들리는 대나무 그림자들이 새카만 귀신처럼 보였다.

"그러고 보니, 좀 무섭긴 하네."

자래도 침을 꿀꺽 삼켰다.

그때였다. 음산한 소리가 대나무 숲 사이에서 또다시 흘러나왔다.

"……님…… 귀…… 는…… 나…… 귀…… 귀……."

세 사람이 말을 멈추었다.

"뭐야, 지금 수아 네가 말했어?"

자래가 수아를 쳐다보았다. 수아는 얼떨떨한 표정으로 고개를 도리도리 저었다.

"아니. 오라버니가…… 말한 거 아니에요?"

수아가 천년손이에게 물었다. 담담하게 말했지만 수아의 목소리는 살짝 떨리고 있었다.

"아…… 아니. 그…… 그럼 자래 네가 말한 거야?"

천년손이는 자래에게 물었다. 천년손이의 목소리는 덜덜 떨리고 있었다.

"아니……."

자래와 수아와 천년손이는 서로를 빤히 보았다.

그때 또 소리가 들려왔다.

"귀…… 다…… 앙…… 귀…… 귀……."

세 사람은 놀라서 눈만 껌벅거리며 한참 동안 말이 없었다. 그러다가 누가 먼저랄 것도 없이 소리를 질러 댔다.

"으아아아아아! 귀신이다, 귀신!"

천년손이와 자래, 수아는 대나무 숲을 가로질러서 **삼십육계**(三十六計) **줄행랑**을 쳤다.

## 4  검은 그림자의 탈출
## 일파만파(一波萬波)

"으아아아아!"

천년손이 삼인방은 소리소리 질러 대면서 대나무 숲을 한참을 달렸다. 얼마나 달렸을까. 자래가 걸음을 갑자기 멈췄다.

"잠깐만."

자래는 주변을 두리번거렸다.

"왜, 왜, 또 뭔데?"

수아와 천년손이가 손을 꼭 잡은 채 자래에게 바짝 붙어 섰다.

"저거 아까 그 대나무잖아?"

수아가 투명 화살로 두 동강 냈던 바로 그 대나무였다.

"이럴 수가. 그럼 우리 처음 있던 곳으로 돌아온 거야?"

천년손이가 놀라서 중얼거렸다.

"그렇게 달렸는데 제자리라니, 아무래도 누군가 **기문둔갑**(奇門遁甲) 도술로 결계를 친 거 같아요."

눈치 빠른 수아가 주변을 두리번거리면서 말했다.

"기문둔갑? 그게 뭔데?"

"**방향을 헷갈리게 하는 도술**이에요."

"그럼 어떻게 되는데?"

"같은 곳만 뱅뱅 맴돌다가 길을 잃고 헤매게 돼. 지금 우리처럼 말이야. 아무래도 이건 검은 매화단 짓이 틀림없어. 우리를 일부러 이 숲에 가둔 거야."

자래가 설명을 덧붙였다.

그때 새카만 그림자 하나가 옆을 휙 스쳐 지나갔다.

"허…… 저…… 저기 좀 봐…….."

천년손이가 덜덜 떨리는 손으로 그 새카만 그림자를 가리켰다. 자래와 수아도 눈이 휘둥그레졌다.

"……귀…… 다앙…… 나…… 귀……."

대나무 숲에 바람이 불어오자 좀 전의 무시무시한 소리가 다시 들려왔다. 웅웅거리면서 메아리치듯 들려오는 소리에 수아와 자래, 천년손이는 서로 마주 보았다.

"잘 들어 봐. 이건 메아리잖아. 누군가 메아리 도술을 이 숲에 걸어 둔 거야."

"메아리 도술이라고? **같은 소리를 반복해서 계속 퍼뜨리는 일파만파**(一波萬波) 도술 말하는 거야?"

수아와 자래가 소곤거렸다.

"저 그림자가 메아리 도술을 걸었다고? 왜?"

천년손이와 자래, 수아는 작은 소리로 소곤거렸다. 그림자는 그사이에 저만치 훌쩍 가 버렸다.

"와, 벌써 저만큼이나 갔어."

자래의 눈이 동그래졌다.

그림자는 움직이는 속도가 놀랄 만큼 빨랐다. 닥락궁 도술 학교에서 배운 축지법(縮地法)만큼이나 빨랐다. 축지법은 땅을 색종이 접듯이 반씩 접어서 달리는 도술로, 축지법을 쓰면 남들보다 두 배는 빨리 달릴 수 있다.

그림자는 축지법이라도 쓰는지 눈 깜짝할 새에 대나무 숲의 끄트머리에 다다랐다. 그러고는 보란 듯이 대나무 숲을 빠져나갔다.

"저 녀석은 누구지? 귀신은 분명 아니야."

자래가 이마를 찌푸리면서 말했다.

"하아……, 귀신이 아니라니, 너무 다행이다."

천년손이는 긴 한숨을 내쉬었다.

"신선도 아니고, 인간도 아니고, 귀신도 아니고, 으음, 검은 매화단도 아니에요."

수아가 고개를 저었다.

"검은 매화단도 아니고, 신선도 아니고, 인간도 아니고, 귀신도 아닌데 메아리 도술을 쓸 수 있다면 그게 누굴까."

자래는 곰곰이 생각했다.

"아, 알겠다. 이런 존재는 세상에 딱 하나밖에 없어."

"뭔데, 그게?"

천년손이가 물었다.

"도깨비."

"뭐, 도깨비?"

천년손이의 눈이 뜻밖의 말에 동그랗게 커졌다.

"전에 『다락궁 도술모음집』 책에서 읽었어. 도깨비는 도술에 뛰어난 데다가 특별히 손재주가 좋아서 도깨비감투나 요술 부채 같은 신비한 물건도 잘 만든다고 말이야."

"아아, 그렇구나. 근데 왜 이 대나무 숲에 도깨비가 있는 걸까?"

천년손이가 고개를 갸우뚱했다.

"으음, 그건 차차 생각해 보자. 지금은 이 숲을 빠져나가는 게 먼저야. 무슨 좋은 방법이 없을까?"

자래가 한숨을 내쉬었다.

"아, 연락용으로 쓰는 손거울, 선경! 우리한텐 선경이 있잖아. 우리 스승님께 선경으로 연락해 보자."

천년손이가 딱 소리가 나게 손가락을 튕겼다.

"좋아. 의술 스승님께 결계를 빠져나갈 방법을 여쭤 보자."

자래가 선경을 꺼내 들고 정신을 집중하며 입으로 중얼중얼 주문을 외웠다. 선경의 표면이 부르르 떨리면서 물결치듯 일렁거렸다.

"스승님, 스승님!"

선경에 의술 선생의 모습이 떠올랐다.

"쿨럭, 쿨럭…… 괘…… 괜찮은 것이냐……, 어디 다친 덴 없고?"

의술 선생은 여전히 얼굴이 창백했다.

"네, 스승님! 저희는 잘 있어요. 아까 숲에서 도깨비도 봤어요."

수아와 천년손이, 자래가 씩씩한 목소리로 대답했다.

"도깨비? 웬 도깨비를 만났다는 것이냐."

"그건 잘 모르겠어요. 아참, 스승님, 닥락궁은요? 닥락궁은 이제 괜찮은 거지요?"

천년손이가 물었다.

"쿨럭…… 만년 얼음 동굴이 녹아서 물이 흐르던 게 멈추었다. 닥락궁에 신비한 기운이 조금이나마 돌아왔다는 뜻이지. 이게 다 너희들이 깨달음의 두루마리에 글자들을 되찾는데 성공했기 때문이다. 글자들은 잘 모으고 있겠지? 쿨럭, 쿨럭……."

의술 선생은 쿨럭쿨럭 기침을 해 댔다.

"스승님, 괜찮으세요? 해독약은 찾으셨어요?"

"아직……."

의술 선생은 고개를 저었다.

"지금도 만년 얼음 동굴에서 해독제를 연구 중이다. 깨달음의 두루마리가 어서 빨리 돌아와야 할 텐데……."

의술 선생은 긴 한숨을 내쉬었다.

"그래, 무슨 일로 나를 찾은 것

이냐."

"스승님, 검은 매화단이 기문둔갑 도술로 결계를 쳤어요. 저희보다 사자성어를 빨리 모으려고 저희를 여기 가둔 거 같아요."

자래가 말했다.

"쿨럭, 쿨럭…… 잘 듣거라. 닥락궁에는 대대로 전해져 내려오는 **인과응보**(因果應報)란 말이 있다."

"인과응보요? 그건 **뿌린 대로 거둔다는 뜻**이잖아요, 스승님?"

자래가 되물었다.

"그래. 인과응보는 나쁜 일을 했으면, 쿨럭…… 그만한 벌을 받는다는 말이다. 검은 매화단은 우리 닥락궁 도술학교를 쑥대밭으로 만들었고, 신선들을 쿨럭, 쿨럭……

검은 매화 독으로 중독시켰다. 그들은 반드시 그만한 대가를 치를 것이다."

의술 선생이 단호하게 말했다.

"쿨럭, 쿨…… 럭…… 지금 너희들 손에는 깨달음의 두루마리가 있지 않느냐. 깨달음의 두루마리는 능력이 **무궁무진**(無窮無盡)하다고 말했을 텐데……."

아, 하는 소리가 자래와 천년손이, 수아의 입에서 터져 나왔다.

"깨달음의 두루마리만 있으면 그깟 결계 따위는……, 쿨럭…… 아무것도……, 쿨럭…… 아니다."

"검은 매화단이 친 결계를 깰 수 있단 뜻이에요?"

천년손이와 수아, 자래의 눈이 동그랗게 커졌다.

"그렇다마다. 닥락궁을 세우신 초대 상선들께서……, 쿨럭…… 깨달음의 두루마리에 **권선징악**(勸善懲惡)의 힘을 담으셨다. **착한 일은 도와주고, 나쁜 일은 벌을 주는 것**이 본래 깨달음의 두루마리가 하는 일이지."

"착한 일은 도와주고, 나쁜 일은 벌을 준다고요?"

천년손이와 수아, 자래가 서로를 마주 보았다.

"그렇다. 앞으로 어려운 일이 생기거든 깨달음의 두루마리에게 도움을 요청하거라. 두루마리가 너희에게 깨우침과 용기를 줄 것이다."

의술 선생은 힘주어 말했다.

"원하는 곳으로 이동하려면 먼저 두루마리를 펼쳐라. 그다음 정신을 집중해서 원하는 곳을 생각하면 두루마리에…… 그림이 나타나…… 그럼…… 주문을…… 외……."

선경 표면이 물결치듯 일렁거리더니, 의술 선생의 모습이 불현듯 사라져 버렸다.

"스승님, 스승님!"

천년손이와 수아, 자래가 동시에 외쳤다. 하지만 선경에서는 아무 소리도 들리지 않았다. 천년손이와 자래, 수아는 당황해서 서로 마주 보았다.

## 5  의지할 데 없는 막막한 처지
# 고립무원(孤立無援)

　대나무 숲에는 어느덧 어둠이 내려앉고 있었다.
　천년손이는 깨달음의 두루마리를 펼쳤다. 두루마리는 허공으로 둥둥 떠올라서 마치 명령이라도 내려 달라는 듯 펄럭거렸다.
　"자, 잘 생각해 보자. 아까 스승님이 뭐라고 하셨지?"
　자래가 침착한 목소리로 말했다.
　"정신을 집중해서 원하는 곳을 마음속으로 생각하라고 하셨어. 그럼 두루마리에 그림이 나타나 주문을 외, 까지 말씀하셨지."

"으음, 오라버니, 우리가 지금 가려는 곳이 어디지요?"

수아가 곰곰이 생각하면서 물었다.

"글자가 있는 곳."

천년손이와 자래가 함께 외쳤다.

순간, 깨달음의 두루마리에 높다란 성벽으로 둘러싸인 궁궐이 하나 나타났다.

"두루마리에 그림이 나타났어."

"여긴 궁궐인데?"

두루마리 속 궁궐에서는 병사들이 **삼삼오오 (三三五五) 여러 명이 짝을 지어서** 순찰을 돌고 있었다.

"궁궐이라면 임금님이 사시는 곳이잖아? 왜 두루마리에 궁궐이 나타난 걸까."

천년손이와 수아, 자래는 영문을 몰라 고개만 갸웃거렸다. 그때 두루마리에 있던 궁궐 모습이 사라지고, 백성들이 바쁘

게 오가는 거리가 나타났다.

"와, 그림이 달라졌어. 왜 달라졌지?"

"으음, 글자들이 여기저기에 흩어져 있다는 뜻 아닐까. 그렇다면 오히려 우리한텐 더 잘된 거야."

자래가 주먹을 불끈 쥐면서 말했다.

"중요한 건 주문이에요. 주문을 외워야 여길 빠져나가니까요. 그나저나 주문은 어떻게 외우는 걸까요?"

수아가 중얼거렸다.

천년손이가 외쳤다.

"으음, 열려라 참깨?"

아니었다. 두루마리는 아무런 변화도 없었다.

자래도 외쳤다.

"금 나와라, 뚝딱?"

이것도 아니었다. 두루마리는 꿈쩍도 하지 않았다.

수아도 주문을 외웠다.

"수리수리 마수리?"

이것은 더더욱 아니었다. 두루마리는 오히려 기분 나쁘다는 듯 몸을 흔들어 댔다. 세 사람은 한참을 이것저것 주문을 외워 보았지만, 두루마리는 어떤 것에도 반응이 없었다.

"아아, 방법이 없는 걸까. 스승님은 연락이 안 되고, 대나무 숲은 어두워졌고, 검은 매화단이 친 결계에서 빠져나갈 수도 없고 말이야. 우릴 도와줄 사람이 정말 하나도 없는 걸까."

천년손이 입에서 한숨이 푹 새어 나왔다.

"어떻게 이렇게 도움을 청할 곳이 하나도 없을 수가 있지? 어, 잠깐!"

자래가 무언가 생각났다는 듯 말을 멈추었다.

"스승님은 우리가 상황에 맞는 사자성어의 뜻과 쓰임을 깨치면 두루마리를 쓸 수 있다고 하셨어. 지난번에 심청이 아가씨 몸에 있던 **살신성인**(殺身成仁) 사자성어 때도 그랬잖아."

"맞아. 그때도 우리 눈에 안 보이다가 사자성어랑 상황이 맞아떨어지니까 기다렸다는 듯 글자가 나타났어."

수아도 맞장구쳤다.

"잘 생각해 봐. 지금 우린 아무런 도움도 받을 수 없어. 그렇다면 이 상황에 어울리는 사자성어가 있는 게 아닐까?"

자래의 눈이 반짝 빛났다.

"어떤 사자성어?"

천년손이가 물었다.

"**혈혈단신**(孑孑單身)? **의지할 데 없이 외롭다는 뜻**인데?"

두루마리는 반응이 없었다.

"**사고무친**(四顧無親)? 이것도 **의지할 데가 없는 외로운 처지라는 뜻**이야."

이번에도 두루마리는 반응이 없었다.

한참 고민하던 수아가 아하, 하는 소리를 냈다.

"혹시 **고립무원**(孤立無援) 아닐까요? 고립무원은 **아무도 도와주지 않는다는 뜻**이잖아요!"

순간 대나무 숲이 황금빛으로 은은하게 빛나는가 싶더니, 쪼르륵 글자들이 딸려 왔다. 대나무 잎 사이사이에 가려져 있던 황금빛 글자들이었다.

"우와, 글자들을 찾아냈어. 하하하하."

"검은 매화단 덕분에 찾아낸 거야, 하하하."

"검은 매화단 녀석들 쌤통이네요, 호호호."

천년손이와 자래, 수아는 한참을 깔깔댔다.

"오라버니, 이제 주문을 외워 보면 어떨까요? 고립무원, 아무도 도와주지 않으니, 두루마리여, 우리를 글자들에게 데려

가라?"

수아의 주문이 입에서 떨어지기 무섭게 두루마리에서 번쩍이는 황금빛이 쏟아졌다.

"으아아, 눈부셔!"

세 사람은 소매로 눈을 가렸다. 두루마리에서 힘찬 바람이 뿜어져 나오는가 싶더니, 세 사람이 빨려 들어갔다.

안녕, 신선 후보생들.
다시 만나서 반가워.
나는 닥락궁의 신비한 힘의 원천,
깨달음의 두루마리야.

얼마 전에 검은 매화단이
닥락궁 도술학교에 쳐들어왔던 것도
모두 나를 차지하기 위해서였지.

지금 닥락궁에선 신선 사부들은 물론이고
신선 후보생 모두가
검은 매화 독에 중독돼서 쓰러져 있어.
백 일 안에 두루마리에 있던 글자를
되찾지 않으면 다들 목숨을 잃게 돼.

그래, 맞아.
깨달음의 두루마리에 있는 글자에는
신비한 힘이 있어.
사자성어를 모으면 모을수록 더 많은 도술을
능수능란(能手能爛)하게 부릴 수 있지.

지난번엔 심청이 아가씨 덕분에
몹시도 힘이 센 **살신성인**(殺身成仁)이란 글자를
되찾을 수 있었어.

이번에도 천년손이 삼인방이
검은 매화단보다 빨리
글자들을 찾아내야 할 텐데 말이야.

아참, 그래서 천년손이와 수아, 자래는
지금 어디로 간 거냐고?

어디긴, 바로 저기 있잖아.

# 화려한 임금님과 가난한 백성들
## 금은보화(金銀寶貨)

휘이잉, 황량한 바람이 골목길을 지나갔다.
"아이고, 배고파."
"흰쌀밥 한 번만 먹어 봤으면 원이 없겠네잉."
거리 곳곳은 배고프고 헐벗은 백성들로 가득했다.

천년손이와 수아, 자래는 어느 낯선 고을에 와 있었다. 세 사람은 어느새 완전한 인간의 모습이었다. 수아의 여우 귀도 둥그스름하게 변했고, 자래의 목덜미에 있는 용 비늘도 보이지 않았다.

"와, 인간의 모습이야."

천년손이와 자래, 수아는 서로의 모습을 한참을 바라보았다. 다 해지고 낡은 옷을 걸친 백성들은 천년손이와 자래, 수아를 봐도 무심한 눈길로 쳐다볼 뿐이었다.

천년손이와 자래, 수아는 두리번거렸다. 눈 닿는 곳마다 헐벗고 굶주린 백성들뿐이었다.

그때 골목 어귀에서 세 살배기 어린아이가 손가락을 쪽쪽 빨다가 울음을 터뜨렸다.

"으아아앙……."

"아아, 배불리 밥 한번 먹여 봤으면……."

아이 엄마가 배가 고파서 칭얼거리는 아이를 달래면서 중얼거렸다.

"아아, 배고픈 사람이 저렇게 많다니……."

자래는 안타까운 표정으로 아이와 엄마를 바라보았다.

"어쩌다가 저렇게 불쌍한 모습이 됐을까요. 며칠은 굶었나 봐요."

수아는 갈비뼈가 앙상하게 드러난 채 손가락을 빠는 아이를 보고는 눈물을 글썽였다.

그때였다. 멀리서 다그닥, 다그닥, 말발굽 소리가 요란하게 들려왔다.

"비켜라! 임금님 행차시다!"

"아이고, 임금님이시다."

병사들이 외치자 놀란 백성들이 앞다투어 바닥에 엎드렸다. 멀뚱히 서 있는 건 천년손이와 수아, 자래뿐이었다.

멀리서 **번쩍번쩍 빛이 나는 휘황찬란**(輝煌璨爛)한 마차가 나타났다. 네 마리의 백마가 끄는 마차 한가운데에 앉은 젊은 남자가 거만한 태도로 엎드린 사람들을 내려다보고 있었다. 남자는 **금과 은, 온갖 보물** 등 **금은보화**(金銀寶貨)로 치장한 호화스러운 비단옷을 입었는데, 머리에는 기다란 비단 두건을 쓰고 있었다. 젊은 남자의 옆에는 한 남자가 파란 부채를 살랑살랑 부치고 있었다.

"비켜라, 임금님 행차시다!"

마차의 양옆으로 줄지어 늘어선 병사들이 크게 소리쳤다.

"우와, 저 사람은 뭐야?"

천년손이는 젊은 남자의 화려한 차림에 깜짝 놀랐다.

"설마 임금님인가?"

자래는 이마를 살짝 찌푸렸다.

"에이, 말도 안 돼. 백성들은 쫄쫄 굶는데, 임금님이 저런 차림을 하고 있단 말이야?"

수아는 화가 치밀어 오른 표정이었다. 그도 그럴 것이 백성들은 찢어지게 가난해서 먹을 것도 없는데, 마차를 탄 젊은

남자는 호화스러운 비단옷을 걸치고, 거들먹거리면서 거리를 지나고 있었기 때문이었다.

"너희들은 누구냐!"

"누군데 감히 임금님 앞에서 고개를 든 것이냐. 썩 숙이지 못할까."

병사들이 버럭 소리를 질렀다. 엎드려 있는 백성들 사이에서 웅성거리는 소리가 들려왔다. 다들 누가 감히 임금님 앞에서 엎드리지 않은 것인지 궁금한 모양이었다. 백성들 몇이 고개를 슬금슬금 들어 올렸다.

"뭣들 하는 게냐, 고개를 숙여라!"

병사들이 다시 벼락같이 소리쳤다. 백성들은 겁을 집어먹고 다시 고개를 숙였다.

"거기 너희들 셋은 뭐 하는 것이냐."

임금님을 지키는 병사들이 칼을 뽑아 들었다. 다행히 누군가 천년손이와 수아, 자래를 끌어당겼다.

"빨리 엎드려!"

천년손이와 수아, 자래는 얼떨결에 바닥에 나뒹굴듯이 엎드렸다.

마차는 달그락거리는 바퀴 소리를 내면서 백성들 앞을 지나갔다. 임금님은 엎드린 백성들에겐 관심이 없고, 부채 든 남자하고만 작은 소리로 이야기를 나누었다. 마차 바퀴 소리에 묻혀서 다른 사람들에겐 잘 안 들렸지만, 구미호라 유난히 귀가 밝은 수아에겐 한 마디 한 마디 또렷하게 들려왔다.

"다 귀찮구려……."

임금님은 가난한 백성들을 쳐다보는 것마저 귀찮다는 듯 눈을 돌렸다.

"임금님, 어서 궁으로 돌아가시지요. 그럴 줄 알고 제가 새로운 두건을 만들어 놓았습니다."

임금님 옆의 남자가 나긋나긋한 목소리로 말했다.

"새로운 두건이라고요? 오호라, 안 그래도 궁금했습니다. 이번 두건도 기대됩니다, 복두장. 하하하."

수아가 고개를 들었을 땐 이미 마차가 저만치 앞으로 지난 다음이었다. 순간, 임금님 주변으로 황금빛 기운이 어른거리다가 사라졌다.

'어머, 저건 글자들이잖아?'

수아의 눈이 동그래졌다.

뽀얀 먼지구름이 뭉게뭉게 피어오르자, 사람들이 하나둘 일어섰다.

"에이, 퉤! 저런 임금도 임금이라고, **눈 뜨고 못 봐 주겠네. 목불인견(目不忍見)**이 따로 없구먼."

"임금이라면 어려운 백성을 보고 **측은지심(惻隱之心), 불쌍한 마음**을 느껴야지, 아무것도 못 본 척, 아무것도 모르는 척 그냥 지나치다니, 쯧쯧……."

"임금이 우리에게 해 준 게 뭐가 있다고 허구한 날 행차람."

백성들은 투덜대면서 집으로 돌아갔다.

## 달콤하기만 한 말과 충성스러운 말
# 감언이설(甘言利說)

"어디 다친 덴 없느냐?"

머리는 희끗희끗하고 얼굴엔 주름이 가득한 늙수그레한 남자가 물었다. 아까 천년손이와 자래, 수아를 잡아당겼던 바로 그 사람이었다.

"너희들 이 동네 안 살지? 아깐 진짜로 큰일 날 뻔했어. 임금님이 행차하실 때 그렇게 멀뚱히 서 있다간 병사들한테 잡혀가는 게 **명약관화**(明若觀火)하단 말이야."

남자는 고개를 절레절레 저었다.

"명약관화가 뭔데요?"

궁금한 건 못 참는 천년손이가 물었다.

"명약관화는 **불 보듯 뻔하다**는 말이야. 우리가 하마터면 병사들한테 잡혀갈 뻔했다는 거지. 맞지요, 아저씨?"

자래가 되물었다.

"허허허, 넌 **아는 게 참 많구나. 박학다식**(博學多識)한 아이로군."

남자가 허허, 하고 웃었다.

"아저씨는 명약관화처럼 어려운 말을 어떻게 아시는데요?"

허름한 차림을 했지만, 자래는 남자가 왠지 예사롭지 않게 보였다.

"그게, 실은 나도 전에는 임금님 곁에서……. 아니, 아니다. 허허허."

남자는 무슨 말인가 하려다 말고는 머뭇거리면서 머리를 긁적였다.

"아저씨, 저 사람이 진짜 임금이에요?"

천년손이가 물었다.

"아이쿠, 임금님더러 저 사람이라니, 그런 소리 했다간 큰일 난다."

남자는 깜짝 놀라서 쉿, 하는 시늉을 해 보였다.

"아저씨, 그런데 복두장이 뭐예요?"

수아가 고개를 갸웃거렸다. 아까 분명히 임금님이 부채를 든 남자를 복두장이라고 불렀다.

"쉿, 복두장이라니. 복두장님이라고 해야지!"

남자는 누가 들을세라 무섭다는 듯 놀란 표정으로 말했다.

"복두장님이요?"

"그래. 복두장님은 임금님의 두건을 만드시는 분이야. 임금님이 쓰고 있던 비단 두건도 다 지금의 저 복두장님이 만드신 거지."

남자가 설명했다.

"지금의 복두장님은 임금님이 몹시 아끼시는 분이거든. 임금님은 저 복두장님이 만드신 두건만 쓰신단다. 전의 복두장이 만든 건 마음에 안 든다고 하셨지······."

남자의 목소리가 왠지 쓸쓸하게 들렸다.

"그럼 복두장이 전에도 있었단 말이에요?"

수아가 고개를 갸우뚱했다.

"그럼, 그럼. 전에도 복두장이 있었지."

남자가 쓸쓸한 목소리로 중얼거렸다.

"전의 복두장은 어디로 가셨는데요?"

천년손이가 물었다.

"사실은……. 아, 아니다, 나도 잘 몰라. 허허허."

남자는 허허 웃으면서 얼버무렸다.

"얘야, 나는 우리 임금님이 예전의 훌륭한 모습으로 되돌아올 거라고 믿는단다."

남자는 멀어져 간 임금님의 마차를 바라보면서 중얼거렸다.

"예전의 모습이요?"

"응. 전엔 **듣기 좋고 귀가 솔깃해지는 감언이설**(甘言利說) 말고 신하들이 하는 충성스러운 말도 잘 들어 주셨단다. 허허허."

남자는 부드럽게 웃었다.

"그러는 아저씨는 누군데요?"

수아가 남자를 빤히 바라보았다.

"나? 나는 이 아랫동네에서 바느질하는 김 씨야. 다들 그냥 김 씨라고 부르지. 허허허."

김 씨는 두툼하고 투박한 손을 내밀어서 이리저리 뒤집어 보였다. 오랫동안 바느질을 해 온 손답게 여기저기 잔뜩 굳은살이 박여 있었다. 김 씨의 저고리 앞섶에는 작고 새카만 바늘이 하나 꽂혀 있었다. 바늘에 매어진 검은 실은 바람이 불 때마다 가볍게 휘날렸다.

"어, 아저씨, 그 바늘, 으음, 그거 뭐예요?"

자래가 바늘을 뚫어져라 보면서 물었다.

천년손이와 자래, 수아의 눈에는 검은 바늘에서 신비한 검은 기운이 흘러나오는 게 똑똑히 보였다. 물론 평범한 인간인 김 씨 아저씨 눈에는 보이지 않았지만 말이다.

"사실은 말이야."

김 씨는 주변을 두리번거리면서 조심스레 말했다.

"내가 얼마 전에 이 바늘을 주웠거든. 저기 저 대나무 숲 근처에서 말이야. 근데 이 바늘이 여간 신통한 게 아니더라고. 글쎄, 어떤 물건이든 꿰맬 수 있지 뭐냐."

"옷을 꿰매는 게 아니고요? 아저씨, 저희도 보여 주세요. 어떻게 꿰매는 건지 보고 싶어요."

수아가 재빨리 나섰다. 신비한 검은 기운이 정체가 무엇인지 궁금해서였다.

"맞아요. 아저씨, 저희도 보여 주세요."

천년손이와 자래도 거들었다.

"아직 이 바늘을 아무한테도 안 보여 줬는데, 허허허, 참으로 이상하구나. 왠지 너희들한텐 이 바늘을 보여 줘도 될 것 같아."

머리를 긁적거린 김 씨는 이내 천년손이와 자래, 수아를 집으로 데려갔다.

## 무엇이든 꿰매는 신통한 바늘
# 각골난망(刻骨難忘)

김 씨의 집은 낡은 초가집이었다. 마당 여기저기에는 헝겊 쪼가리가 잔뜩 쌓여 있었다. 다 쓰러져 가는 초가집 울타리를 허름한 차림의 남자가 기웃거리고 있었다. 그는 마당으로 들어서는 김 씨를 보고는 헐레벌떡 달려왔다.

"아이고, 이제 오시는 게요? 오늘도 많이 늦었소."

비쩍 마른 사내가 김 씨의 손을 먼저 덥석 잡았다.

"최 서방이 이 늦은 시각에 우리 집엔 웬일이오?"

어느새 보름달이 휘영청 밝았다. 벌써 밤이 깊어 있었다.

"이 목 보이시오? **학수고대**(鶴首苦待)라더니, 자네 기다리다가 내 **목이 학 모가지처럼 길어**질 뻔했소. 아니, 근데 얘들은 또 누구요?"

"안녕하세요."

수아와 천년손이, 자래는 꾸벅 인사를 했다.

"허허허. 뉘 집 애들인지는 모르겠지만, 셋 다 참으로 귀엽게 생겼구려."

최 서방은 넉살 좋게 웃었다.

"그래, 무슨 일이십니까."

"사실은 오늘 낮에 우리 사월이가 저 윗마을 김 선비 댁으로 일하러 갔소. 그런데 사월이가 그만 김 선비 댁 안방에서 방을 닦다가 벌러덩 자빠졌지 뭐요."

"사월이가요? 저런, 다치진 않았고요?"

"다행히 몸은 괜찮았지만, 사월이가 글쎄 김 선비가 **애지중지**(愛之重之) **몹시도 아끼는** 도자기를 깨뜨렸다네."

최 서방은 빨간 보자기를 하나 내밀었다.

"이게 뭡니까."

"보시오. 도자기 조각이오."

최 서방은 빨간 보자기를 슬며시 풀었다. 천년손이와 자래,

수아는 보자기에 무엇이 들어 있는지 김 씨와 함께 빤히 쳐다보았다. 보자기 안에는 여러 조각으로 부서진 도자기가 들어 있었다.

"도자기 조각은 왜요?"

"에이, 다 듣고 왔소. 지난번에도 요 옆집 사는 돌쇠네 할머니가 일하러 갔다가 원님이 아끼는 그림을 찢었을 때 그걸 감쪽같이 되살려 주셨다고요."

최 서방이 작은 소리로 소곤거렸다.

"……아이고, 아닙니다. 찢어진 그림을 어떻게 되살려요. 말도 안 됩니다."

김 씨는 손을 마구 내저었다.

"죽은 사람 소원도 들어준다는데, 제발 나 좀 살려 주시오. 이 도자기가 기와집 한 채 값은 된다는데, 우리가 무슨 재주로 이 비싼 도자기를 물어낸답니까. 제발 좀 도와주시오. 그리만 해 준다면 이 은혜는 **각골난망**(刻骨難忘), **뼈에 새겨서 갚겠소**."

"각골난망이라니요. 무슨 그런 말씀을……."

김 씨가 당황해서 머리를 긁적였다.

"각골난망뿐이요? **백골난망**(白骨難忘), 죽어서 백골이 되어도 그 은혜를 잊지 않을 거요. 제발 도와주시오."

최 서방은 김 씨를 붙잡고 하소연했다.

"하아…… 이를 어쩐다……. 그럼 밥풀로 붙이든 풀을 쑤어 붙이든, 어떻게든 도자기를 다시 한번 붙여 보겠습니다. 도자기는 여기에 두고 가시오."

김 씨는 한숨을 푹 내쉬었다.

"아이고, 고맙소. 이 은혜를 어찌 갚을까 모르겠네. 참말로 고맙소잉."

최 서방은 눈물이 글썽글썽해서는 몇 번이고 고맙다면서 고개를 숙였다.

김 씨는 호롱에 불을 붙여서 방을 밝혔다. 좁은 방은 온통 천 쪼가리로 발 디딜 데가 없었다. 천년손이와 수아, 자래는 방구석에 쪼그리고 앉았다.

"사람들이 이렇게 자꾸 물건을 가져온단다."

김 씨는 혀를 끌끌 차면서 빨간 보자기를 풀었다.

"어떻게 하실 건데요?"

"으음, 잠시만 기다려 보거라."

김 씨는 조각들을 맞추기 시작했다. 노르스름한 호롱불이 타닥타닥 소리를 내면서 타들어 갔다. 얼마나 시간이 흘렀을까. 수아와 천년손이, 자래는 지켜보다가 중간에 꾸벅꾸벅 졸기까지 했다. 졸다가 살짝 눈을 떠 보니, 김 씨가 어느새 동그스름한 도자기 모양에 맞추어 조각들을 늘어놓은 뒤였다.

"하아, 이젠 꿰매기만 하면 된다. 허허허."

김 씨는 이마에 송골송골 맺힌 땀을 쓰윽 닦았다. 그러고는 저고리 앞섶에 꽂혀 있던 바늘을 조심스럽게 손에 쥐었다.

"설마 그 도자기를 꿰매는 거예요?"

천년손이와 수아, 자래는 깜짝 놀라서 눈이 휘둥그레졌다.

"그렇대도. 자, 잘 보거라."

김 씨는 정말로 맨 아래쪽부터 도자기 조각에 바느질을 시작했다. 한 땀, 한 땀 조심스럽게 꿰매 나가자 도자기는 점점 모양을 갖춰 갔다. 검은 바늘땀이 얼룩처럼 삐져나왔지만, 바늘이 슥, 슥, 지나가자 스르르 사라지고 흔적도 없어졌다. 한참을 꿰매고 나니, 도자기는 언제 깨졌나 싶게 배가 통통한 백자가 되어 있었다.

"최 서방이 좋아하겠네. 허허허."

김 씨는 흡족한 표정으로 웃었다.

"우와, 아저씨. 이런 건 처음 봐요."

천년손이는 감탄하면서 중얼거렸다.

"와, 도자기를 바늘로 꿰매다니요. 세상에……."

수아도 진심으로 놀란 눈치였다.

"나도 처음에 얼마나 놀랐는지 몰라. 옆집 돌쇠네 할머니가 원님의 그림을 찢었다고 하도 속상해하기에, 저 그림을 내가 꿰매 주기라도 하면 얼마나 좋을까 했는데 글쎄 그게 되더라

니까. 허허허. 아이고, 팔다리야. 난 먼저 잘 테니까, 너희들도 잘 자고 내일 보자꾸나."

김 씨는 도자기를 꿰매느라 피곤했던 모양이었다. 눕자마자 곯아떨어졌다.

## 9  도깨비 할아버지의 조언
# 다정다감(多情多感)

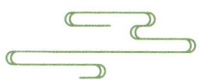

천년손이와 자래, 수아는 서로 얼굴을 마주 보았다.

"이건……. 틀림없어."

"응."

천년손이는 바늘을 조심스레 집어 들고 마당으로 나왔다. 그러고는 마당에 검은 바늘을 내려놓았다.

"나오세요, 이제."

수아가 바늘을 톡톡 두드렸다.

바늘에서 거무스름한 그림자가 쑤우욱 빠져나오더니 서서히 사람 모양으로 변해 갔다. 검은 그림자는 달빛을 받아 환하게 빛났다. 다 해진 검은 저고리와 바지를 입고, 주름진 얼굴을 한 할아버지였다.

"할아버지, 도깨비…… 맞지요?"

수아가 고개를 갸우뚱하면서 물었다.

"우와, 도깨비는 처음 봐요."

천년손이와 자래는 놀라움으로 입이 떡 벌어졌다.

"허허허, 어찌 알았느냐."

할아버지는 부드럽게 웃었다.

"바늘에서 검고 신비한 기운이 흘러나왔거든요. 신선인 오라버니는 파란 기운이고, 구미호인 저는 붉은 기운이 나오죠. 용족인 자래는 검푸른 빛이 나고요. 이토록 검고 신비한 기운이라면 그건 도깨비밖에 없죠, 호호."

수아도 엷게 웃었다.

"도깨비 할아버지는 왜 이 작은 바늘에 들어가 있는 거예요?"

천년손이가 물었다.

"본래 나는 감투에 살던 도깨비야. 그런데 얼마 전에 검은 매화단이 감투를 빼앗아 갔어."

도깨비 할아버지의 얼굴이 딱딱하게 굳었다.

"검은 매화단이 할아버지 감투를 빼앗았다고요? 왜요?"

"아마도 못된 짓을 하려는 것이겠지. 이 마을에 사는 심술궂 녀석이랑 무슨 꿍꿍이를 몰래 꾸미더라고. 그래서 내가 대나무 숲에 일부러 도술을 걸어 놨다."

도깨비 할아버지는 흥, 하는 콧바람 소리를 냈다. 몹시도 못마땅한 표정이었다.

"**일파만파**(一波萬波) **이야기가 퍼져 나가는** 메아리 도술을 말하는 거지요?"

자래가 말했다.

"그래. 검은 매화단이 사람들이 알면 안 된다기에 거꾸로 사람들에게 잘 들리도록 메아리 도술을 걸어 놓았지. 대나무 숲에 바람이 불 때마다 소문이 퍼져 나가게 한 거야. 물론 사람들이 다니지 않는 숲이라 아직 별 소용이 없지만 말이다."

"아까 숲에서 저희가 봤던 그 그림자도 할아버지 맞지요?"

"허허허. 그래. 검은 매화단이 또 무슨 못된 짓을 하는가 싶어서 살짝 숨어서 지켜보고 있었다."

"저희가 대나무 숲에서 검은 매화단이랑 싸우는 것도 보셨어요?"

"보다마다. 너희가 그 녀석들이 친 결계에 갇혔기에 빠져나가는 길을 일부러 보여 줬는데, 못 보았느냐. 허허허."

아아, 하는 소리가 천년손이와 수아, 자래 입에서 터져 나왔다.

"그것도 모르고 저희는 그게 귀신 소리인 줄만

알았어요. 엄청 무서웠는데. 하하하."

천년손이가 머리를 긁적거리면서 웃었다.

"그래. 다 봤다. 숲에서 '아아아악', 이렇게 소리 지르면서 뛰어다니더구나. 허허허."

도깨비 할아버지도 껄껄 웃었다.

"그런데 할아버지는 왜 김 씨 아저씨랑 같이 있는 거예요?"

"착하고 반듯한 사람이잖니. 백성들 어려운 사정을 살피고 몰래 도와주기에 나도 함께하고 있지. 허허허."

도깨비 할아버지는 김 씨가 깊이 잠든 방을 바라보았다.

"게다가 김 씨 아저씨는 몹시 **다정다감**(多情多感)하시잖아요.

**정도 많고 마음도 따뜻하고요.**"

자래가 김 씨 아저씨가 잠든 방을 보면서 빙긋이 웃었다.

"도깨비 할아버지, 저희는 이제 어떻게 해야 할까요. 숲에서 들으셨겠지만 저희가 검은 매화단보다 빨리 두루마리 글자를 찾아야 해요."

천년손이가 물었다.

"깨달음의 두루마리에서 나온 글자라……. 그건 임금님에게 가 보거라."

"임금님이요?"

도깨비 할아버지는 고개를 천천히 끄덕였다.

"검은 매화단이 심술귀를 시켜서 글자들을 찾고 있거든. 늦기 전에 그걸 사용해 어서 궁궐로 가 보거라."

도깨비 할아버지가 천년손이의 허리춤에 있는 깨달음의 두루마리를 가리켰다.

"저희가 궁궐에 가 있는 동안 다른 데서 글자들이 나타나면 어떻게 하지요? 검은 매화단에 뺏기면 안 돼요."

천년손이가 침을 꿀꺽 삼켰다.

"이 근처에서 다른 글자들이 나타나면 내가 잘 지키고 있으마. 아무 걱정 말거라."

　도깨비 할아버지는 인자한 표정을 지어 보였다.

　안심한 천년손이가 깨달음의 두루마리를 펼쳤다.

　"두루마리여, 우리를 글자들이 있는 곳으로 데려다 줘."

　정신을 집중한 채 수아가 외쳤다. 두루마리에는 다시 궁궐이 나타났다.

　"궁궐이 나타났어."

　자래가 고개를 끄덕였다.

　"서두르거라. 그럼 다음에 또 보자꾸나."

　도깨비 할아버지는 뒷짐을 진 채 허허, 하고 웃었다.

　"네, 도깨비 할아버지. 다음에 또 만나요."

　천년손이와 자래, 수아는 함께 두루마리에 손을 뻗었다. 눈부신 황금빛이 쏟아져 나오는 순간, 세 사람은 두루마리로 빨려 들어갔다.

 수상한 복두장
# 표리부동(表裏不同)

휘이잉, 세찬 회오리바람이 불더니 번쩍하고 황금빛이 빛났다. 다음 순간 천년손이와 자래, 수아는 어느 조용한 전각의 복도에 서 있었다.

"여기가 임금님의 숙소인가 봐."

"응. 이번엔 곧바로 임금님한테 온 것 같아."

천년손이와 자래가 소곤거렸다.

"쉿, 안에 사람이 있어요."

수아가 입에 검지를 가져다 대면서 쉬잇, 소리를 냈다.

"너희들은 그만 나가 보거라."

복두장이 엄한 목소리로 명령했다.

"예. 복두장 어르신."

궁녀들은 임금님의 숙소를 종종걸음으로 빠져나왔다.

"지금이야. 변신해서 들어가자."

천년손이와 수아는 펑, 하는 소리와 함께 변신했다. 수아는 자그마한 새끼 고양이로, 천년손이는 수아의 목에 달린 금방울로 변신했다.

"사라져라, 얍!"

자래는 은둔술을 써서 수아의 그림자에 숨었다.


"매일같이 청소도 하지 말고 그냥 나가라고 하시니, 이게 다 무슨 일인지 모르겠네."

궁녀 하나가 소곤거렸다.

"그러니까 말이야. 복두장 어르신은 왜 멀쩡한 두건을 놔두고 자꾸 새 두건을 만드시는 걸까."

"아휴, 새 복두장 어르신이 온 후로는 비싼 비단으로만 두건을 만들잖아. 게다가 하루가 멀다 하고 매일 바꿔 대시니,

아까워서 어째."

궁녀들은 혀를 끌끌 차면서 멀어져 갔다. 천년손이와 자래, 수아는 방문이 닫히기 전에 재빨리 방으로 들어갔다.

임금님은 커다란 거울 앞에 있었다.

"복두장, 이리 와서 내 귀 좀 보시오. 어제보다 좀 더 길어졌소. 도대체 왜 이리 귀가 길어지는 것이오. 꼭 당나귀 귀 같지 않소."

임금님은 귀를 만지작거리면서 울상을 지었다.

"누가 내 귀를 보기라도 하면 어찌한단 말이오."

임금님은 길고 긴 한숨을 내쉬었다.

"임금님, 걱정하지 마십시오. 제가 있지 않습니까. 제가 매일 새로운 두건을 만들어 드리는 한 임금님의 귀가 길어졌다는 건 아무도 모를 겁니다."

복두장은 임금님에게 파란 두건을 하나 내밀었다. 임금님은 부끄럽다는 듯 귀를 두 손으로 감추면서 두건을 받아 들었다.

그때 수아의 전음(傳音)이 천년손이와 자래의 마음속으로 들려왔다.

"오라버니, 이게 어떻게 된 걸까요? 임금님의 귀는 전혀 길지 않은데, 왜 길다고 말하는 거지요?"

"그러니까 말이야. 저게 왜 당나귀 귀야?"

"이건 또 무슨 조화지?"

천년손이와 자래도 이해되지 않는다는 듯 전음으로 중얼거리다가 깜짝 놀라서 눈이 휘둥그레졌다.

"와, 근데 지금 우리 전음으로 이야기하고 있잖아?"

"어머, 이게 웬일이에요. 우리가 전음을 할 수 있게 됐어요, 오라버니."


신선 후보생들은 닥락궁 도술학교에서 일곱 가지 도술을 배운다. 물을 베고 바위를 가르는 검술, 투명 화살을 날리는 궁술, 원하는 모습으로 변신하는 변신술, 모든 사물에 숨을 수 있는 은둔술, 다친 사람을 낫게 하는 의술, 음파로 공격하는 탄금술, 그리고 요괴 퇴치술이다.

요괴 퇴치술은 신선들이 사는 선계나 인간들이 사는 인간계, 죽은 자들이 사는 명계에서 나쁜 짓을 하는 요괴들을 잡아 봉인하는 도술이다. 요괴와 싸울 때면 요괴들 몰래 도술을 써야 하지만, 입으로 소리 내서 주문을 외우다 보면 들키기 일쑤였다.

요괴 퇴치술을 가르치는 상급 신선, 요마 선생은 고민 끝에 마음속으로 대화할 수 있는 특별한 도술을 개발했는데, 그게 바로 전음이었다. 전음은 요괴 퇴치술을 중급 수준까지 익힌 다음에야 배우는 도술이기 때문에 천년손이나 수아, 자래 모두 지금까진 간신히 흉내만 내는 수준이었다. 그런데 셋 다 전음으로 이야기하게 된 것이다. 정말로 깨달음의 두루마리가 가진 힘은 **끝도 없이 무궁무진**(無窮無盡)했다.

"저 복두장 왠지 수상하다. 그치?"

천년손이가 전음으로 말했다.

"맞아요. 어쩐지 처음 봤을 때부터 수상하더라고요. 저런 걸 **표리부동**(表裏不同)하다고 해요."

수아도 맞장구쳤다.

"표리부동이라면 **겉과 속이 다르다**는 뜻인가?"

천년손이가 긴가민가하면서 물었다.

"맞아요, 오라버니. 표리(表裏), 겉과 속이, 부동(不同), 같지

083

않다, 즉 **사람들 앞에서 하는 행동과 사람들이 없는 데서 하는 행동이 다르다**는 말이죠."

수아가 전음으로 설명했다.

"표리부동한 복두장, 도대체 임금님에게 무슨 짓을 한 거야."

천년손이가 중얼거렸다.

"틀림없어. 이건 임금님에게 몰래 도술을 쓴 거야. 정체를 보여라, 투시술!"

자래가 곰곰이 생각하더니 중얼중얼 주문을 외우고는 훅, 하는 소리와 함께 숨결을 불어 넣었다. 순간, 임금님의 이마에 달라붙은 까만 부적이 스르륵 나타났다.

"자래 네 말이 맞았어. 저건 최면술 부적이야."

자래의 말이 맞았다. 임금님 이마에 붙은 건 상대의 마음을 조종할 수 있는 부적이었다.

"이번 두건은 바다처럼 파란 비단에 황금을 녹여 만든 금실로 모란꽃을 수놓았습니다."

복두장이 나긋나긋한 소리로 말했다.

"이건 처음 보는 비단이구려."

임금님은 값비싼 비단으로 만든 두건을 꼼꼼히 살펴보았다.

"예에. 바다 건너서 온 비단이라, 값이 좀 나갑니다."

"돈이야 얼마든지 들어도 상관없소. 내 기다란 귀만 감출 수 있다면 말이오."

임금님은 단호하게 말했다.

"예, 임금님. 앞으로도 최고급 비단으로 만든 두건을 바치겠습니다."

복두장은 공손하게 고개를 숙였다.

"아아, 복두장 덕분에 내가 이리도 마음 편하게 지낼 수 있구려. 참으로 고맙소."

"아닙니다. 임금님께서 마음에 들어 하시니 그저 기쁘고 영광스러울 따름입니다."

복두장은 아부하는 소리를 해 댔다. 아첨하는 복두장의 말에 임금님은 기분이 좋아진 듯 빙긋이 웃었다.

"대신들은 허구한 날 백성들을 생각해야 한다, 나랏일에 관심을 가져야 한다, 잔소리뿐인데 복두장은 언제나 내가 듣기 좋은 말만 하는구려."

"임금님, 나랏일은 신경 쓰지 마십시오. 그래봐야 피곤하기만 하지요."

요즘 들어 복두장이 **아부하듯 늘어놓는 감언이설**(甘言利說)만 들어 온 탓에 임금님은 백성들이 헐벗고 굶주리고 있다는 사실조차 잘 몰랐다.

"복두장, 난 이만 피곤해서 자야겠소."

임금님은 파란 두건이 마음에 든 나머지 두건을 쓴 채로 잠자리에 누웠다. 임금님은 금방 잠에 곯아떨어졌다.

## 11 복두장의 넘치는 욕심
## 견물생심(見物生心)

"후후, 이제야 잠들었군."

복두장은 피식 웃으면서 깊이 잠든 임금님을 내려다보았다. 복두장이 발로 툭툭 찼지만, 어찌나 곤하게 자는지 임금님은 꿈쩍도 하지 않았다. 복두장은 기다렸다는 듯이 소매에서 찌그러진 감투를 하나 꺼냈다.

"자아, 이제 한번 나가 볼까."

복두장이 머리에 감투를 쓰는 순간, 복두장의 모습은 온데간데없이 사라졌다.

*"뭐야. 복두장인가 고추장인가, 어디 간 거야?"*

천년손이가 놀라서 전음으로 물었다.

"방문이 열리지 않았으니, 분명 이 방 안에 있을 거예요. 투시술!"

수아가 도톰한 고양이 발바닥으로 변한 손을 들어서 자래와 천년손이 눈앞으로 왔다 갔다 했다. 순간 시야가 화악 밝아지면서 방에 서 있는 복두장이 눈에 들어왔다. 복두장의 몸이 투명하게 변해 있었다.

"와, 저기 글자들이 있다."

자래가 손가락으로 복두장을 가리켰다. 투명하게 변한 복두장의 저고리 앞섶에 황금색 글자들이 옹기종기 모여 있었다.

"빨리 글자들을 모으자."

천년손이가 허리춤에 차고 있던 깨달음의 두루마리를 꺼내 들었다.

이런 사정을 모르는 복두장은 슬그머니 창문을 열더니 훌쩍 아래로 뛰어내렸다. 땅바닥에는 발자국 두 개만 나란히 찍혔다. 점점이 난 발자국들이 어딘가로 향했다.

"저기다! 글자들을 놓치면 안 돼."

자래가 창문 밖으로 난 발자국들을 가리켰다.

"수아야, 우리도 가자."

자래와 수아는 창문에서 뛰어내렸다.

복두장의 발자국은 궁궐을 뺑뺑 돌아서 어느 커다란 창고 앞에 다다랐다. 창고는 병사들이 지키고 있었는데, 다들 늦은 시간인지라 꾸벅꾸벅 졸고 있었다. 그런데 갑자기 허공에서 열쇠 꾸러미가 둥둥 떠올랐다. 투명하게 변한 복두장이 창고를 지키는 병사의 허리춤에 달린 열쇠 꾸러미를 꺼내 든 것이다.

열쇠 꾸러미는 창고 앞에서 한참 동안 둥둥 떠 있었다. 짤그랑짤그랑 소리가 나면서 열쇠가 하나씩 열쇠 구멍에 꽂혔다가 빠지고 다시 꽂히기를 거듭했다.

"이것도 아니고, 이것도 아니네……."

복두장은 한참 만에 딱 맞는 열쇠를 찾아냈다.

끼이익, 하는 소리와 함께 창고 문이 열렸다. 복

두장은 주변을 두리번거리더니 재빨리 창고 안으로 들어갔다.

"우리도 들어가자."

천년손이와 자래, 수아도 서둘러 창고 안으로 따라 들어갔다. 창고 안에 들어간 복두장은 다시 안쪽에서 조심스레 문을 닫았다.

창고 안에는 **금은보화**(金銀寶貨)가 잔뜩 쌓여 있었다. 값비싼 도자기, 유명한 그림, **금과 은, 보석으로 만들어진 온갖 장신구**까지 여기저기에서 보물이 **휘황찬란**(輝煌燦爛)하게 **빛나고 있었다.**

"드디어 궁궐에 있는 보물을 손에 넣었다. 이날이 오기를 얼마나 기다렸던가. 하하하하."

복두장은 감투를 벗어 던졌다. 감투를 벗자마자 복두장의 모습이 드러났다. 복두장은 소매에서 커다란 주머니를 꺼내더니 보물을 쓸어 담기 시작했다. 천년손이와 자래, 수아는 복두장이 보물들을 주머니에 마구 집어넣는 모습을 숨죽여 지켜보았다. 복두장은 보물을 훔치는 일에 어찌나 집중했는지, 천년손이와 수아, 자래가 숨어 있는 것도 전혀 눈치채지 못했다.

"저걸 어쩌지? 복두장이 이 창고 안의 보물을 다 훔쳐 가면 어떻게 해. 이대로 놔둬도 될까?"

"일단 글자들을 찾아야 해. 수아야, 글자들이 보여?"

자래가 눈이 밝은 수아에게 물었다.

"응, 저기 있어. 어머나, 이번 글자는 **표리부동**(表裏不同)이네."

"표리부동이라면 **겉과 속이 다르다**는 바로 그 사자성어잖아? 아까 우리가 말한 사자성어 말이야."

"네, 맞아요. 오라버니."

천년손이는 깨달음의 두루마리를 꺼내 들었다.

"근데 우리가 소리 내어 글자들을 부르면 복두장한테 들킬 텐데, 어떻게 하지?"

고민하던 그때 멀리서 부엉, 부엉, 하는 소리가 들려왔다. 복두장은 주머니에 보물을 집어넣다가 말고 움찔했다.

"흥. 그깟 글자들이 뭐라고, 나한텐 이 보물이 더 중요하단 말이지."

복두장은 다시 보물을 챙겼다.

"이것도 비싼 거고, 저것도 비싼 거네. 뭘 가져가야 좋을까. **견물생심(見物生心)**이라더니, 보물을 **눈으로 직접 보니 더 욕심이 나는구나**. 하하하."

달빛에 비친 복두장의 얼굴이 욕심으로 번들거렸다. 주머니 하나가 꽉 차자, 복두장은 소매에서 새로운 주머니를 또 하나 꺼냈다. 그리고 다시 주머니를 채워 넣기 시작했다.

부엉, 부엉, 무언가를 재촉하듯 부엉이 소리가 다시 들려

왔다.

"좋아. 저 부엉이 소리에 맞춰서 글자들을 불러 보자."

천년손이가 꾀를 냈다. 그때 부엉, 부엉, 다시금 부엉이가 울었다.

"좋아, 수아야. 지금이야."

자래가 전음으로 속삭였다.

"표리부동, 겉과 속이 다르다!"

수아가 작은 소리로 중얼거렸다. 순간, 번쩍하고 황금빛이 창고를 환하게 비췄다.

"우와, 글자들을 또 모았어."

글자들이 빨려 들어가자 깨달음의 두루마리가 웅웅거리면서 부르르 떨렸다.

"에헤라디야, 달빛을 받아 보물이 빛나는구나. 하하하."

복두장은 두루마리에서 나온 빛이 보물의 빛인 줄 알고 즐거워하며 노래를 흥얼댔다. 그때 멀리서 부엉, 부엉, 하고 부엉이 울음소리가 또 들려왔다.

"아이, 참. 안 가면 또 야단할 거고……. 아아, 어쩌지."

복두장은 한 손에 보물을 쥐고, 또 다른 손에는 보물을 잔

093

뜩 담은 주머니를 쥔 채 망설였다.

부엉, 부엉, 먼 데서 부엉이 소리가 다시 들려왔다.

"아이, 하필 이런 때……."

복두장은 너무나 아쉽다는 듯 보물이 든 주머니를 보면서 입맛을 다셨다. 복두장은 보물 주머니를 창고 한쪽 귀퉁이에 조심스럽게 내려놓았다.

"아이고, 성질도 참 급하군. 어련히 알아서 갈까."

복두장은 투덜대면서 감투를 다시 머리에 썼다. 복두장의 모습이 투명하게 변했다. 투명해진 복두장은 창고를 나섰다. 천년손이와 수아, 자래도 복두장을 따라서 다시 창고를 나섰다. 복두장은 창고 문을 닫고 열쇠 꾸러미에서 열쇠를 다시 찾아서 문을 조심스럽게 잠근 다음, 잠든 병사의 허리춤에 열쇠 꾸러미를 달아 놓았다. 그러고는 어디론가 허겁지겁 달려갔다.

"뭐야. 또 어디로 가는 거야."

천년손이와 수아, 자래는 복두장의 알 수 없는 행동에 어리둥절해졌다.

"우리도 빨리 따라가요. 저 복두장은 표리부동한 사람이라 무슨 꿍꿍이를 꾸미고 있을지 모른다고요."

"그래. 한번 따라가 보자."

"무슨 나쁜 짓을 꾸미고 있을지 몰라."

수아와 천년손이, 자래는 본래의 모습으로 변해서 복두장의 뒤를 쫓았다. 복두장은 한참을 달려 궁궐을 몰래 빠져나갔다.

"뭐야. 여긴 또 왜 온 거지?"

복두장의 뒤를 쫓던 천년손이와 자래, 수아는 어찌된 영문인지 몰라 서로 마주 보았다. 복두장이 한참을 달려 찾아온 곳이 바로 대나무 숲이었기 때문이다. 놀랍게도 대나무 숲에는 검은 두건을 쓰고 검은 복면을 한 자들이 모여 복두장을 기다리고 있었다.

"저건 검은 매화단이잖아?"

천년손이와 수아, 자래가 동시에 전음으로 외쳤다. 천년손이와 수아, 자래는 대나무 위로 재빨리 올라가 숨었다.

 ## 검은 매화단의 속셈
# 이이제이(以夷制夷)

"단주님!"

복두장은 감투를 벗어서 옆구리에 끼고는 공손하게 머리를 조아렸다.

"왜 이제야 오는 것이냐."

달빛 아래 모습을 드러낸 건 아니나 다를까, 검은 매화단의 단주였다.

"네가 감히 검은 매화단의 단주인 나를 기다리게 한 것이냐."

단주는 못마땅하다는 듯 눈살을 잔뜩 찌푸렸다.

"아닙니다. 그럴 리가요."

"그럼 왜 늦은 것이냐."

"그게 창고에 잠깐 들렀다가 그만……."

복두장은 창고에 두고 온 보물 주머니를 떠올리면서 입맛을 쩝, 하고 다셨다.

"창고? 무슨 창고? 혹시 궁에 있는 보물 창고를 말하는 것이냐?"

보물 창고라는 말에 복두장이 몸을 흠칫 떨었다.

"아니, 그게 아니라, 그저 거기에 보물이 있는지만 확인하려고 간 것이지, 제가 절대 그 안에 들어가서 보물을 훔치려고 한 건 아니고……."

복두장이 급하게 둘러대는데, 단주가 무섭게 복두장을 다그쳤다.

"나와 약속한 시간이 다 되었는데도 보물 창고에 다녀오느라 늦었다고? 지금 그걸 말이라고 하는 것이냐?"

"아, 아닙니다. 제가 단주님 앞이라 떨려서 그만 말이 헛나갔습니다."

복두장은 손을 덜덜 떨면서 내저었다.

"……그래서 글자들은 다 찾은 것이냐."

이번에는 부단주가 물었다.

"그럼요. 제 저고리 앞에 이렇게 붙어 있지 않습니까. 제가 잃어버린 황금 글자들을 찾아 드렸으니, 단주님께서도 약속대로 궁에 있는 보물을 제가 다 갖도록 해 주셔야 합니다."

복두장은 자신의 저고리를 가리키면서 히죽 웃었다.

"무슨 글자……?"

단주가 의아한 말투로 되물었다.

"네? 여기 말입니다. 여기 이렇게 글자들이 있으……."

복두장은 자신의 저고리를 내려다보고는 깜짝 놀라 입을 틀어막았다.

"아니, 이게 어떻게 된 거지요? 여기 분명히 글자들이 있었는데요."

복두장이 놀란 눈으로 몸 여기저기를 털어 댔지만, 어디에도 글자들은 보이지 않았다.

"흥, 지금 내 앞에서 뻔뻔스럽게 거짓말을 늘어놓는 것이냐."

단주가 눈을 부릅떴다.

"단주님, 이 녀석에겐 글자가 없는 게 확실합니다."

부단주는 복두장의 온몸을 샅샅이 훑어보았다.

"뭐라, 글자가 없다고……."

단주가 입술을 잘근잘근 깨물었다.

"보자 보자 하니까 내가 보자기로 보이는 것이냐. **가면 갈수록 점점 더 점입가경**(漸入佳境)이로군. 우리가 그렇게나 어렵게 도깨비한테서 감투를 빼앗아 건네줬건만, 지금 네 녀석한테 글자가 없다고?"

단주가 버럭 화를 냈다.

"저 녀석을 당장 잡아서 혼쭐을 내고 감투를 빼앗아라."

단주의 명령에 검은 매화단이 앞으로 나섰다.

"안 돼. 이 감투는 내 거야."

복두장은 뒤로 주춤거리면서 물러섰다. 그러더니 벌떡 일어나서는 손에 들고 있던 감투를 썼다. 복두장의 모습이 순식간에 사라져 버렸다.

"녀석이 감투를 쓰고 사라졌다. 투시술을 써서 잡아라!"

부단주가 명령을 내렸다.

"네, 부단주님!"

검은 매화단이 뿔뿔이 흩어져 복두장을 잡으러 나섰지만, 이미 복두장은 대나무 숲으로 깊이 숨어 버린 뒤였다.

"없습니다, 단주님."

"숲을 뒤졌지만 어디에 숨었는지 알 수가 없습니다."

검은 매화단이 앞다투어 보고했다.

"흥, 이 괘씸하고 뻔뻔한 녀석을 어떻게 혼쭐내지?"

단주가 팔짱을 낀 채 중얼거렸다.

"단주님, 우리 검은 매화단이 그 감투를 손에 넣으려고 얼마나 애썼습니까. 그런데 그걸 홀라당 가져갔습니다. 녀석이 들고 다니던 요술 부채도 빼앗지 못했고 말입니다."

부단주가 **잔뜩 화난** 표정으로 **노발대발**(怒發大發)해서 말했다.

"흥, 그깟 감투나 부채는 상관없다."

"단주님, 상관없다니요. 이 못된 녀석을 당장 혼쭐내야 합니다."

"아까 녀석이 고개를 조아릴 때 내가 감투에 손을 써 뒀다."

단주가 낮은 소리로 말했다.

"아아, **백 번 천 번 잘됐습니다**. 정말로 **천만다행**(千萬多幸)입니다. 역시 단주님이십니다."

부단주가 고개를 마구 끄덕였다.

"녀석은 어디로 간 것 같으냐?"

"아무래도 궁궐로 돌아간 것 같습니다."

"궁궐로 돌아갔다고? 아무것도 모르는 임금을 이용해서 도망치려는 속셈이군. 좋다. 그럼 이렇게 하도록 하자."

단주는 잠시 고민하더니, 부단주에게 뭐라고 한참을 속삭

였다.

"역시 단주님은 최고의 악당이십니다. 도깨비가 숲에 걸어 둔 **일파만파**(一波萬波) 메아리 도술로 오히려 저 심술귀 녀석을 괴롭히다니요. 어찌 그런 생각을 다 하셨습니까."

부단주는 감탄하면서 몇 번이고 고개를 끄덕였다.

"**이이제이**(以夷制夷)라는 말이 있다. **오랑캐를 잡을 때는 다른 오랑캐의 손으로 잡는다는 뜻**이지. 굳이 우리 손으로 혼쭐낼 필요도 없다. 거짓말하고 아첨하면서 인간들 사이에 숨어 살던 녀석이니, 인간들에게 혼이 나는 게 더 어울릴 것이다. 하하하."

단주는 그제야 기분이 좀 나아진 듯했다.

"그럼 글자들은 어떻게 하지요?"

부단주가 물었다.

"아마도 아직 궁궐에 있을 게다. 신선 후보생 녀석들이 찾아내기 전에 우리가 먼저 차지해야 한다. 내일 날이 밝는 대로 글자들을 찾으러 간다. 알겠느냐."

"네, 단주님!"

검은 매화단이 일제히 입을 모아 대답했다.

## 13  발 없는 말이 천리 간다
# 멸문지화(滅門之禍)

궁궐은 아침부터 떠들썩했다.

"그 이야기 들었어?"

"뭐?"

"소문 못 들었어?"

"무슨 소문?"

곳곳에서 궁녀들끼리 모여서 수군거리고 있었다.

"글쎄……."

볼이 통통한 궁녀 하나가 주변을 둘러보면서 작은 소리로 말했다.

"글쎄, 뭐?"

"아니야. 괜한 말을 했다가 임금님께 걸리면 **멸문지화**(滅門之禍)를 당할 걸?"

볼이 통통한 궁녀가 다른 궁녀들에게 속삭였다.

"아이, 뭔데 그래. 멸문지화라면 **가문을 모두 몰살**하는 건데, 아무리 그래도 임금님께서 그렇게까지 하시겠어?"

"그래. 얼른 말해 봐. 뭔데 그래?"

궁녀들은 볼이 통통한 궁녀를 졸라 댔다.

"다른 사람한테 말하면 안 돼. 알겠지?"

볼이 통통한 궁녀가 작은 소리로 소곤거렸다.

"그럼, 그럼. 절대 말 안 할게."

"아무한테도 말하지 말고, 우리끼리만 아는 비밀인 거야. 사실은…… 궁궐 바깥에 대나무 숲이 있잖아. 거기에 바람이 불면 이상한 소리가 난대."

"이상한 소리? 어머, 대나무 숲에 무슨 귀신이라도 있는 거 아니야?"

"그거야 모르지. 그런데 그게 다가 아니야."

궁금해진 궁녀들의 귀가 팔랑거렸다.

"뭔데, 뜸 들이지 말고 빨리 말해 봐."

"바람이 불 때마다 이상한 소리가 나는데, 그 소리가 글쎄?"

"무슨 소리가 나는데?"

"우리 임금님 귀가 당나귀 귀래. 오호호호."

볼이 통통한 궁녀는 참지 못하고 웃음을 까르르 터뜨렸다.

"어머, 진짜? 세상에…… 어찌 그런 일이……."

"뭐, 당나귀 귀라고? 무슨 그런 말도 안 되는 소릴……."

궁녀들은 소스라치게 놀라서 입을 틀어막았다.

"말도 안 돼. 누가 그래?"

"나도 들은 얘기야. 이 궁에 모르는 사람이 없다던데? 그래서 임금님께서 두건을 그렇게 매일 쓰시는 거 아닐까?"

볼이 통통한 궁녀가 그럴싸한 이유도 덧붙였다. 궁녀들은 서로를 놀란 눈으로 바라보다가 다들 천천히 고개를 끄덕였다.

"어머, 어머, 그런가 보네. 임금님께서 언제부턴가 두건을 그렇게나 열심히 쓰고 다니시더니, 그게 다 이유가 있었네."

"우리한테 숙소에 들어오지 말라며 화를 내신 것도 그래서인 거구나?"

"청소도 못 하게 하시고, 복두장 어르신만 들어오게 하시는 게 다 그래서였어."

"우리 임금님 귀가 당나귀 귀였다니, 세상에, 호호호……."

궁녀들은 푸하하 웃었다가 까르르 웃었다가 하며 배를 잡고 깔깔거렸다. 볼이 통통한 궁녀는 다른 궁녀들이 웃는 모습을 보면서 천천히 돌아섰다.

"어머, 재미있는 이야기를 하다가 어디 가는 거야?"

"난 볼일이 좀 있어서 말이야. 호호호."

볼이 통통한 궁녀는 사람들이 잘 다니지 않는 곳으로 들어

섰다. 펑, 하는 소리와 함께 궁녀는 궁궐을 지키는 병사의 모습으로 변신했다.

"그 소문 들었소?"

"뭐요?"

병사로 변신한 궁녀는 이번에는 병사들 사이에 소문을 퍼뜨렸다. 임금님의 귀가 당나귀 귀라는 소문에 **박장대소**(拍掌大笑)하는 건 병사들도 마찬가지였다.

"풋, 아하하……. 당나귀 귀라고?"

"뭐어? 무슨 그런 말도 안 되는 소릴……."

"임금님께서 아셨다간 우린 모두 끝장이야. 임금님이 어떤 분인지 몰라?"

"쉿, 조용히 하게. 이건 우리끼리만 아는 비밀이라고."

"아하하하하……."

병사들이 모여서 깔깔거리는 사이에 병사는 다시 펑, 하는 소리와 함께 변신했다. 병사의 진짜 모습은 바로 검은 두건에 매화 세 송이가 그려진 검은 매화단 단주였다.

"단주님, 이제 어떻게 하실 생각이십니까."

그림자처럼 스윽 하고 부단주가 옆에서 모습을 드러냈다.

"인간들이 하는 말 중에 발 없는 말이 천 리를 간다는 말이 있다."

단주는 병사들과 궁녀들이 떠드는 걸 지켜보며 중얼거렸다.

"발 없는 말이 어찌 천 리를 갑니까?"

부단주가 의아하다는 듯 물었다.

"두고 보면 안다. 이 발 없는 말은 하룻밤 사이에 천 리는 물론이고 만 리도 간다."

"발 없는 말이 만 리를 간다고요?"

"그렇다. 이 발 없는 말을 두 글자로 소문이라고 하지. 소문이란 게 그만큼 힘이 세단 뜻이다."

단주는 입꼬리를 슬며시 끌어올리면서 웃었다.

"우린 이제 그 복두장 녀석이 임금에게 괴롭힘을 당하는 걸 지켜보기만 하면 된다. 하하하."

"맞습니다. 그 심술귀 녀석, 아주 단단히 혼쭐이 날 겁니다.

역시 단주님의 계획은 **처음부터 끝까지 너무나 완벽하고 치밀**합니다. 정말로 **철두철미**(徹頭徹尾)한 계획 아닙니까. 하하하."

단주와 부단주는 후련하다는 듯 껄껄 소리 내어 웃었다.


소문은 삽시간에 궁궐에 퍼져 나갔다. 임금님 귀가 당나귀 귀라는 소문 덕분에 궁궐에선 하루 종일 웃음소리가 끊이질 않았다.

"그 소문 들었는가……."

큼큼, 대신들은 헛기침을 해 댔다.

"어쩌다가 임금님 귀가 당나귀 귀라는 소문이 퍼졌단 말이오."

"소문이 사실이라면 어찌합니까."

"사, 사실이라니요. 그런 말도 안 되는 소릴……."

대신들은 임금님이 요즘 들어 나랏일에는 관심이 없고, 오로지 어떤 두건을 쓸지에만 관심이 있다는 걸 잘 알고 있었다. 그러다가 엉뚱한 소문에 휩싸인 임금님을 생각하니, 대신들의 입에선 한숨이 저절로 새어 나왔다.

# 14 화가 난 임금님
## 동상이몽(同床異夢)

"뭐라? 지금 뭐라고 했느냐. 다시 말해 보거라."

임금님은 거울을 들여다보면서 두건을 매만지다가 눈이 동그래졌다.

"그게……."

궁녀들은 머리를 조아린 채 벌벌 떨었다.

"어서 말해 보래도!"

임금님이 버럭 소리를 질렀다.

"으음, 그게…… 사실은 임금님 귀가 당나귀 귀라는 소문이 궁 안에 돌고 있습니다."

궁녀 중 하나가 쩔쩔매다가 겨우 입을 열었다.

"뭐, 뭐라고? 다, 당나귀 귀?"

임금님은 놀라다 못해 숨이 넘어갈 지경이었다.

'어떻게 알았지? 도대체 누가 말한 걸까? 아무도 모르는 일인데……. 아아, 어떻게 하지?'

임금님 머릿속엔 온통 그 생각뿐이었다.

"내, 내 귀가 당…… 당나귀 귀라고?"

"송구합니다. 임금님."

"임금님, 모두 헛소문일 뿐이니 부디 노여움을 가라앉히시고……."

뒤늦게 달려온 대신들이 임금님을 달래려 했지만, 소용없었다.

"내 귀가 당나귀 귀라고 했다고? 그, 그걸 누가 떠들고 다닌단 말이냐."

"궁 안의 모든 사람이 수군거리고 있습니다. 송구합니다."

대신들과 궁녀들은 쩔쩔맸지만, 임금님의 노여움은 가라앉지 않았다. 그토록 숨기려 했던 비밀을 모두가 알게 됐으니 말이다.

"모두 물러가거라."

궁녀들과 대신들은 벌벌 떨다가 재빨리 물러갔다.

"으흐흐흐흑……, 올 것이 왔구나. 사람들이 내 귀가 이렇게 생겼다는 걸 알게 됐으니, 이제 어쩌면 좋단 말인가."

임금님은 두건을 벗고는 귀를 매만졌다. 사실은 아무렇지도 않은 귀를 혼자서만 당나귀 귀로 착각하고 있는 것이었지만, 그런 사실은 꿈에도 몰랐다. 임금님 눈에는 자신의 귀가 털이 숭숭 난 기다란 당나귀 귀처럼 보일 뿐이었다.

"사람들이 이 귀를 보면 나를 비웃을 거야. 이제 나는 어찌하면 좋단 말인가. 아, 그래. 복두장이 있었지! 어서 복두장을 불러야겠다."

임금님은 일을 어찌 수습할지 고민하느라 머리를 쥐어뜯다가 복두장이 생각났다.

"여봐라, 복두장을 들라 해라."

"예, 임금님."

궁녀들은 복두장을 찾으러 급하게 여기저기 다녔지만 복두장의 모습은 보이지 않았다.

"임금님, 복두장이 안 보입니다."

"궁을 샅샅이 뒤져서 빨리 데려오란 말이다!"

하지만 궁 어디에서도 복두장을 찾을 수 없었다.

"이 시급한 상황에 복두장이 안 보인다니, **설상가상**(雪上加霜)이 따로 없구나. 궁 안에는 소문이 퍼졌고, 복두장은 없으니, **엎친 데 덮친 격**이로다. 이를 어쩌면 좋단 말인가."

임금님은 발을 동동 구르다가 다시 복두장을 찾았다.

"복두장을 불러라. 어서 복두장을 불러!"

임금님은 복두장을 부르라며 야단을 해 댔다.

"그게, 복두장이 어디 있는지 모르겠습니다."

궁녀들과 신하들은 어찌할 바를 몰라 쩔쩔맸다.

"임금님, 제가 왔습니다."

궁이 온통 난리가 난 다음에야 복두장이 나타났다. 머리엔 대나무 이파리들이 잔뜩 달라붙어 있고, 얼마나 허둥지둥 달려왔는지 옷매무새도 엉망이었다. 늘 살랑살랑 부치고 다니던 부채는 어디로 갔는지 보이지도 않았다.

"아니, 그 몰골은 또 뭐요."

임금님은 복두장의 꼴을 보고 눈살을 찌푸렸다.

"이, 임금님께 급히 달려오느라 그렇습니다."

"왜 이제야 온 것이오. 내가 복두장을 얼마나 찾았는지 아시오? 복두장, 이를 어쩌면 좋단 말이오. 사람들이 내 비밀을 모두 알아 버렸소."

임금님은 복두장을 붙잡고 하소연했다.

"이제 어찌하면 좋겠소."

임금님의 물음에 복두장은 잠시 고민했다.

"으음, 그게⋯⋯."

사실 복두장의 고민은 따로 있었다.

'하, 참, 어쩌다가 임금님 귀가 당나귀 귀라고 소문이 난 거지? 도대체 이게 다 어찌 된 일인지 영문을 알 수가 없군. 어젯밤 사이에 무슨 일이 있었던 거야.'

물론 복두장은 이 모든 게 검은 매화단이 꾸민 음모라는 건 짐작조차 하지 못했다. 그저 보물 창고에 쌓아 둔 주머니만 염려될 뿐이었다.

'누가 내 보물 주머니를 보기라도 하면 어쩌지? 빨리 보물을 갖고 도망가야 하는데, 궁이 이 난리이니 어쩌면 좋단 말

인가.'

'백성들이 내 귀에 대한 소문을 들으면 어떻게 하지? 참으로 걱정이군.'

임금님과 복두장은 함께 있으면서도 **동상이몽**(同床異夢), **서로 다른 고민에 빠져 있었다**.

'아, 이러면 되겠다!'

한참을 고민하던 복두장의 얼굴이 갑자기 밝아졌다.

"임금님, 범인을 잡아내면 되지 않겠습니까. 궁에 소문이 퍼졌다면 분명 궁녀나 병사 중 하나일 겁니다. 아니면 대신일 수도 있고요. 이들을 혼내다 보면 누가 소문을 냈는지 그 출처를 찾아낼 수 있을 것입니다."

"오호, 그러면 되겠구려. 그럼 무서워서라도 소문을 더는 못 낼 게 아니오. 복두장, 참으로 고맙소."

내내 어둡던 임금님의 얼굴도 덩달아 밝아졌다.

"임금님, 궁 안의 모든 병사와 궁녀 들을 모아 혼쭐을 내십시오."

"알겠소. 내가 당장 저 모든 병사와 궁녀를 불러다가 누가 그런 소문을 퍼뜨렸는지 단단히 혼쭐을 내겠소."

임금님은 단호하게 말했다.

"여봐라, 거기 누구 있느냐."

"예, 임금님. 대신들이 기다리고 있습니다."

"지금 바로 궁에 있는 모든 사람을 한데 모이게 해라. 누가 그런 해괴한 소문을 퍼뜨렸는지 내가 직접 밝히겠다."

"지금 즉시 한자리에 모이라는 임금님의 명령입니다."

궁궐에 있던 대신들과 궁녀들, 병사들이 임금님의 명에 따라 모두 한자리에 모였다.

## 15 대나무 숲에 간 사람은 누구?
# 등하불명(燈下不明)

"누가 감히 내 귀가 당나귀 귀라는 소문을 퍼뜨렸느냐. 누구인지 어서 말해라."

임금님은 버럭 화를 냈다. 궁녀와 병사, 대신들은 모두 서로 눈치만 볼 뿐 아무도 나서지 않았다.

"넌 누구에게 들은 것이냐."

임금님은 방을 청소하는 궁녀에게 물었다.

"저는 저 옆의 다른 궁녀에게 들었습니다."

방을 청소하는 궁녀는 빼빼 마른 다른 궁녀를 가리켰다.

"그럼 너는 누구에게 들은 것이냐."

"저는…… 새벽에 빨래를 하러 갔다가 빨래터에서 들은 것이온데……."

아무리 따져 보아도 궁녀들은 누가 처음으로 소문을 퍼뜨렸는지 기억하지 못했다. 이건 병사나 대신들도 마찬가지였다.

"그럼 도대체 누가 맨 처음 소문을 낸 것이냐."

임금님의 호통 소리가 쩌렁쩌렁 궁궐에 울려 퍼졌다.

"그게 음, 저기…… 송구합니다만, 대나무 숲에서 이상한 소리가 들려온다고 합니다."

대신 중 하나가 어렵게 말을 꺼냈다.

"대나무 숲이라고? 웬 대나무 숲?"

임금님은 고개를 갸우뚱했다. 대나무 숲이란 소리에 놀란 건 복두장이었다.

'으응? 대나무 숲? 왜 갑자기 여기에서 대나무 숲 이야기가 나오는 거지?'

적당한 때에 몰래 빠져나가서 보물 창고에 가려고 눈치만 보던 복두장은 깜짝 놀라 멈칫했다.

"맞습니다. 임금님, 소문에 따르면

대나무 숲에 바람만 불면 소리가 난다고 합니다."

"무슨 소리가 난단 말이냐?"

"그게, 저…… 임금님 귀는 당나귀라는 소리 말입니다. 그게 그 대나무 숲에서 난다고 합니다."

그 말에 임금님은 한참을 고민했다.

"오호라, 어찌 된 일인지 이제야 알겠구나. 그럼 누군가 그 대나무 숲에서 **괴이하고 수상쩍은** 이야기를 떠들어 댔단 뜻이겠군. **해괴망측**(駭怪罔測)한 소문을 퍼뜨린 자를 찾아야겠다."

임금님은 자리에서 벌떡 일어났다.

"지난밤 누가 대나무 숲에 갔었는지 말하거라."

"저희 궁녀들은 모두 침소에 있었습니다."

"저희 대신들은 모두 퇴궐하여 일찌감치 집으로 돌아갔습니다."

"병사들은 모두 자리에서 보초를 섰습니다."

궁녀들과 대신들, 병사들은 한사코 아니라고 고개를 저었다.

"모두들 아니라고 하면 도대체 누가 대나무 숲에 다녀온 것이냐."

임금님이 버럭 소리를 질렀다.

"저희는 억울합니다, 임금님."

궁녀와 병사, 대신들은 모두 한목소리로 억울하다고 앞다투어 호소했다.

그때 한 병사가 손을 들더니 천천히 복두장을 가리켰다.

"임금님, 실은 아침에 대나무 숲에서 달려 나오는 복두장을 보았습니다. 대나무 숲에서 궁으로 오는 길은 하나뿐입니다. 아마도 복두장은 대나무 숲에서 왔을 겁니다."

"뭐어? 복두장이 대나무 숲에서 나와? 그게 사실이냐?"

임금님이 어리둥절한 표정으로 물었다.

"예에, 맞습니다, 임금님. 복두장이 대나무 숲에서 나와 궁으로 들어오기에 어디를 다녀오는 길이냐고 물었더니, 저희는 몰라도 된다고 했습니다."

"그 말이 정말이냐? 틀림없는 사실인지 묻는 것이다."

임금님은 거듭해서 확인했다.

"예. 저희 여러 명이 함께 보았습니다."

아침에 보초를 돌던 병사들 여럿이 머뭇거리면서 앞으로 나섰다.

"복두장 머리와 몸에 온통 대나무 잎이 묻어 있었습니다."

"머리와 몸에 대나무 잎이 묻어 있었다고?"

"예, 복두장은 아무리 생각해도 대나무 숲에서 온 것이 틀림없습니다."

병사들 모두 고개를 끄덕였다.

임금님은 문득 아까 복두장의 머리와 옷에 대나무 잎이 잔뜩 붙어 있던 게 떠올랐다. 게다가 복두장이 누군가. 임금님의 귀가 당나귀 귀처럼 길어졌다는 것을 아는 유일한 사람이 아닌가. 임금님의 얼굴이 점점 굳어 갔다.

"복두장, 네 이노오옴!"

임금님이 복두장을 노려보았다.

"**등하불명**(燈下不明), **등잔 밑이 어둡다**더니, 감히 그런 소문을 퍼뜨려?"

"아니, 아닙니다, 임금님. 그게 아닙니다. 제가 대나

무 숲에 다녀온 것은 맞지만, 그런 것이 아니라……. 아무튼 저는 아닙니다."

복두장은 움찔거리면서 뒤로 한 발 물러섰다.

"뭐어, 대나무 숲에 다녀온 것이 맞아?"

"그, 그게……, 그게 아니고, 대나무 숲에서 어젯밤에 아, 아니, 아닙니다."

"……**지부작족**(知斧斫足)이란 말을 아느냐."

"지부작족이 뭡니까, 임금님?"

복두장은 처음 듣는 말에 어리둥절해졌다.

"**믿는 도끼에 발등을 찍힌다는 말**이다. 옛말에 틀린 말 하나 없다더니, 정말로 그 말이 딱 맞구나."

임금님은 몹시 실망한 듯 복두장을 쳐다보았다.

"뭣들 하느냐. 저놈을 당장 잡아들이지 않고!"

임금님이 버럭 소리를 쳤다.

"예, 임금님!"

병사들은 우물쭈물하다가 창을 들고 복두장에게 다가갔다. 복두장은 당황한 얼굴로 병사들과 임금님을 번갈아 쳐다보다가 표정을 굳히고 무언가 결심한 듯 중얼거렸다.

"여기서 잡히면 안 돼. 그럼 내 보물은 어떻게 해. 하아, 어쩔 수 없군."

복두장은 소매에서 감투를 꺼내서 머리에 썼다. 뿅, 하고 감쪽같이 사라질 줄 알았지만, 복두장은 뜻밖에도 사라지지 않았다. 몸의 일부만 사라졌을 뿐 나머지는 그대로였다.

"어머, 보, 복두장……. 복두장 좀 봐……."

궁녀들이 꺄아악, 하고 소리를 질렀다.

"복두장이 해괴한 도술을 쓴다!"

대신들도 깜짝 놀라 소리쳤다.

"복두장을 잡아라!"

병사들은 몸의 반쪽은 그대로고, 반쪽은 투명하게 사라진 복두장에게 달려들었다. 사방에서 병사들이 달려들자 복두장은 꼼짝없이 잡혀 버렸다.

"복두장을 감옥에 가두어라!"

병사들이 복두장을 끌고 가는 사이, 복두장의 머리에서 감투가 굴러떨어졌다. 병사들 발에 치이고 밟혀 찌그러진 감투는 영영 못 쓰게 되었다.

"아이고, 내 감투, 내 감투……."

복두장은 병사들에게 잡혀가면서도 감투만 쳐다보았다. 그러다 도깨비감투의 올이 풀려서 절반만 온전함을 알아차렸다.

"아니, 감투의 올이 언제 풀린 거지…….?"

복두장이 반만 투명해졌던 것도 어디서인지 모르게 풀려 버린 감투의 실 때문이었다. 반만 남은 감투를 썼으니, 몸도 반만 투명해진 것이다. 복두장, 아니 심술쟁이는 **망연자실**(茫然自失)해져서 다 찌그러지고 반 토막만 남아 버린 감투를 **멍하니 쳐다보았다**.

그날 복두장의 숙소에서는 그동안 두건을 만든다면서 몰래 빼돌렸던 값비싼 비단들이 가득 쌓인 채 발견됐다. 임금님의 화가 머리끝까지 치민 건 당연한 일이었다.

"임금님, 복두장이 숙소에 숨겨 두었던 보물들이 발견됐습니다."

"복두장이 그동안 몰래 궁의 보물들을 빼돌린 것 같습니다."

"복두장을 엄벌에 처하십시오."

대신들이 **만장일치**(滿場一致)로 **한마음 한뜻**이 되어 입을 모아 말했다. 복두장은 감옥에 갇힌 채 억울하네 어쩌네 소리를 질러 댔지만, 아무도 들어 주지 않았다.

늦은 밤, 복두장이 갇힌 감옥에 수상한 검은 그림자들이 소리 없이 움직였다.

"죄, 죄송합니다. 단주님……."

복두장이 차가운 감옥 바닥에 엎드려 벌벌 떨어 댔다. 높이 치켜든 복두장의 엉덩이에 황금빛 글자들이 주르륵 달려 있었다.

"우리 검은 매화단이 네 녀석이 멋대로 도망치도록 그냥

둘 줄 알았더냐."

"……사, 살려 주십시오. 단주님."

"흥. 저 녀석의 꽁무니에 붙은 글자들을 회수해라."

단주가 냉랭한 소리로 말했다.

"**부귀영화**(富貴榮華), 재산이 많고 지위가 높으며 이름이 빛나다!"

부단주가 입을 열었다. 순간 눈부신 황금빛이 감옥을 채웠다. 천년손이와 수아, 자래는 물론이고 복두장마저 존재조차 몰랐던 글자였다.

"하하하, 닥락궁 신선 후보생 녀석들은 우리가 이 글자를 찾아낸 걸 모를 것이다."

검은 매화단의 단주는 껄껄 소리 내어 웃었다. 검은 매화단은 눈 깜짝할 새에 감옥을 빠져나갔다.

## 16 꿈에서 얻은 깨달음
## 비몽사몽(非夢似夢)

천년손이와 자래, 수아는 임금님의 방에 몰래 숨어들었다. 변신술을 써서 조그만 귀뚜라미가 된 천년손이와 새끼 고양이로 변신한 수아, 그리고 은둔술을 써서 벽 속에 숨은 자래는 전음으로 이야기를 나누었다.

"임금님이 최면술에서 깨어나야 할 텐데……. 최면술을 어떻게 깨지?"

천년손이가 말하자 자래가 손가락으로 부적을 가리켰다.

"심술귀가 붙여 놓은 저 검은 부적을 우리 손으로 뗄 수는 없어. 인간들 앞에 직접 나타나 도술을 쓸 수는 없으니까 말이야."

"우리가 직접 나타날 수 없다면 꿈에 나타나는 건 어떨까? 임금님의 꿈에 나타나서 이야기하면 되지!"

천년손이가 소곤소곤 의견을 내놓았다.

"오오, 그러면 되겠다. 역시 천년손이!"

자래가 웃으면서 엄지를 척 내밀었다.

"하아, 궁에 온통 소문이 퍼졌으니 이를 어쩌면 좋단 말인가."

임금님은 쉽사리 잠에 들 수 없었다. **비몽사몽**(非夢似夢) 잠이 막 들려는 참에 누군가가 임금님에게 다가왔다.

"그대가 임금인가."

작고 새카만 그림자 세 개가 속삭이듯 말했다.

"네에?"

임금님은 놀라서 벌떡 일어났다.

"임금으로서 백성들에게 어떤 일을 해야 하는지 생각해 보았는가."

"임금이면 임금답게 백성들을 위해 고민하고 애써야 하거늘, 그대는 어찌 임금이면서도 임금답지 않은 것인가."

작은 그림자들은 번갈아 가면서 물었다.

"그게…… 어…….."

임금님은 뭐라 대답할지 몰라 우물쭈물했다.

"그럼 직접 들여다보게."

펑, 소리와 함께 허공에 펄럭거리는 두루마리가 나타났다.

"저게 무엇입니까."

"그대에게 깨달음과 지혜를 줄 두루마리요."

그림자 중 하나가 두루마리 안으로 임금님의 손을 잡아끌었다. 임금님은 두루마리 속으로 휘리릭 빨려 들어갔다.

다음 순간, 임금님은 어느 허름한 초가집 마당에 서 있었다.

"응애, 응애……."

아기 우는 소리가 요란하게 터져 나왔다.

"저 아이가 왜 우는지 아시오?"

그림자 중 하나가 물었다. 여우 귀가 쫑긋거리는 것이 틀림없는 여우 귀신이었다. 임금님의 머리카락이 쭈뼛 섰다.

"어린아이니까, 그냥 우는 게 아닐까…… 요."

임금님은 머뭇거리면서 여우 귀신에게 대답했다.

"그냥 우는 아이가 어딨단 말이오?"

목덜미에 물고기 비늘 비슷한 게 촘촘히 나 있는 그림자

하나가 나무라는 소리로 말했다.

"잘 보시오. 우리가 그대를 왜 이곳으로 데려왔는지 말입니다."

그림자들은 임금님에게 말했다.

"벌써 며칠째 아이에게 흰죽 한 그릇 못 먹였습니다."

아기 엄마는 아기를 안고 눈물을 글썽였다.

"집에 있는 걸 갖다 팔려고 해도 아무도 돈이 없어 물건을 사 주지 않습니다. 이를 어쩐단 말이오."

아기의 아빠는 아기와 아기 엄마를 부둥켜안고 엉엉 울었다.

"저리 가난하단 말입니까, 나의 백성들이?"

임금님은 얼떨떨한 눈으로 그림자들을 바라보았다.

다음 순간, 임금님은 어느 돌다리 아래 서 있었다. 다리 아래에는 거지들이 다닥다닥 붙어서 잔뜩 웅크린 채 잠이 들어 있었다.

"저들은 누굽니까."

"먹을 게 없어서 집을 뛰쳐나와 거지가 된 자들이오."

임금님은 할 말을 잃었다. 복두장 말만 듣고 나랏일에 관심을 끊자, 백성들이 굶어 죽거나 거지가 되거나 집을 잃고 떠

돌아다니게 된 것이다.

"보셨소. 저것이 그대의 백성들이란 말입니다. 그런데도 아직도 그대의 귀가 기네 어쩌네 하면서 투덜댈 것입니까."

검은 그림자가 야단했다.

"아, 아닙니다. 제가 잘못했습니다. 저는 저렇게 형편이 어려운 사람들이 있는지 까맣게 몰랐습니다."

"왜 몰랐단 말이오."

"그게…… 복두장, 그 복두장 녀석이 저를 꼬드겨서 나랏일에서 멀어지게 만들었습니다. 이게 다 그 복두장 때문입니다."

"물론 복두장도 못됐지만, 그대는 어떻소?"

"저……, 저요?"

"그대는 백성들이 어떠한지 생각해 본 적이 있소?"

"네에?"

임금님의 눈이 동그래졌다.

"호화스러운 옷을 입고 거리를 자랑스럽게 행차하는 동안 그대는 백성들을 제대로 바라본 적이 있으시오?"

"복두장이 하는 말 말고 다른 사람의 말을 들어 본 적은 있으시오?"

"……."

임금님은 순간 말문이 막혔다. 하긴 전대 복두장은 그렇지 않았다. 언제나 백성을 먼저 생각해야 한다는 잔소리를 귀에 딱지가 앉을 만큼 해 댔다.

"새로운 복두장이 저한테 귀가 길어졌으니 값비싼 두건을 써야 한다고 해서 그만……. 흐흐흑, 이게 다 제 잘못입니다."

임금님은 처음으로 자신이 얼마나 무책임했는지 깨달았다.

"임금의 귀는 백성들의 소리를 들을 수 있으면 충분하지 않겠소?"

그 말을 들은 임금님은 마음에 쿵 하는 울림을 느꼈다.

"아……. 그렇습니다. 제가 그 중요한 사실을 까맣게 잊고 있었습니다. 흐흐흑, 제가 백성들을 돌보지 않아서 저들이 저렇게 가난하고 헐벗게 됐습니다. 모두 제 잘못입니다. 흐흐흑……."

임금님은 흐느껴 울다가 잠에서 깨어났다. 깨어 보니 모두 꿈이었다. 여우 귀, 목덜미의 물고기 비늘, 모두 꿈이었다.

임금은 거울을 들여다보았다.

"어, 이게 뭐지?"

이마에 처음 보는 검은 부적이 붙어 있었다.

"설마 이것도 복두장 녀석이 한 짓인가?"

임금님은 언짢아하면서 이마의 부적을 떼어냈다. 순간, 눈앞이 환해지면서 거울 안의 자신의 모습이 다시 보였다. 전과 똑같은 모습의 평범한 귀였다.

"아니, 이게 어떻게 된 거지? 내 귀…… 내 귀가……. 이게 어떻게 된 거야?"

임금님은 깜짝 놀라서 거울을 몇 번이고 들여다보았다. 이리 보고 저리 보아도 귀는 아무렇지 않았다. 털이 숭숭 나 있지도 않았고, 당나귀 귀처럼 길쭉하지도 않았다.

"내 귀가…… 아무렇지도 않잖아?"

임금님은 잠시 고민하다가 검은 부적을 이마에 다시 붙여 보았다. 순간 임금님의 귀는 다시 길쭉해졌다.

"어라? 당나귀 귀처럼 길어졌잖아? 그렇다면…… 내가 그동안 멀쩡한 귀를 당나귀 귀로 착각했단 말인가?"

임금님은 그제야 복두장이 검은 부적을 이용해 최면술을 걸었다는 사실을 깨달았다. 그리고 임금의 귀는 백성들의 소리를 들을 수만 있다면 충분하다는 꿈속의 말이 떠올랐다. 임금님은 여태까지 귀를 가리고 있던 두건을 벗어 던졌다.

"여봐라, 복두장의 숙소에서 빼앗은 비단을 백성들에게 모두 나누어 주거라. 성 밖 다리 아래에 모여 사는 거지들에겐 궁에 있는 보물 창고의 보물을 나누어 주고, 모두들 제집으로 돌아가도록 도와주거라."

임금님의 명령에 대신들은 눈물을 흘리면서 기뻐했다.

"임금님, 드디어 훌륭한 임금님의 모습으로 다시 돌아오셨군요."

"백성들이 모두 기뻐할 것입니다."

다들 기뻐하는 와중에 한 대신이 조심스레 물었다.

"이제 복두장은 필요 없는 것입니까?"

임금님은 빙그레 웃으며 답했다.

"아니오. 전대 복두장을 불러 주시오. 내 긴히 부탁할 게 있소."

## 17 세상에서 가장 용감한 글자
## 개과천선(改過遷善)

"그 소문 들었어? 임금님이 우리를 보러 오신다지 뭔가. 허허허."

얼굴에 주름이 가득한 노인 하나가 껄껄 소리 내서 웃었다.

"그러게 말일세. 임금님이 어렵고 헐벗은 백성들을 보살피기 위해서 직접 행차하신다잖아. 하하하. 참으로 **끝없이 가슴이 벅찰 만큼 감개무량**(感慨無量)일세그려."

"며칠 전에는 어린아이가 있는 집에는 먹을 것을 보내 주셨다니까요. 전엔 저희를 봐도 못 본 척 지나치시더니, 이렇게 달라지시다니요. 하하하."

아이를 등에 업은 아기 엄마가 밝게 웃었다.

천년손이와 자래, 수아는 멀리서 백성들이 웃는 모습을 흐뭇하게 지켜보았다.

"잘됐다. 이제 임금님이 백성들의 어려움을 헤아리고, 따뜻하게 보살피게 됐지 뭐야."

"그런데 글자들은 도대체 어디에 있는 거지?"

그때 다그닥, 다그닥, 말발굽 소리가 멀리서 들려왔다. 전 같으면 "임금님 행차시다, 길을 비켜라! 모두 엎드려라!" 소리가 요란했을 텐데, 이번에는 달랐다. 임금님은 값비싼 비단 두건을 쓰지도 않았고, 호화로운 비단옷을 입지도 않았다. 마차에는 백성들에게 나누어 줄 비단과 먹을 것이 잔뜩 실려 있고, 임금님은 마차 곁에서 걸어오고 있었다.

"임금님이 나누어 주시는 것이오. 이것으로 배불리 아이를 먹이시오."

병사들은 복두장의 숙소에서 가져온 비단과 먹을 것을 가난한 백성들에게 나누어 주었다.

"아이고, 임금님. 저희를 보러 이리 직접 행차하시다니요."

"저희 마음을 이리 알아주시고, 먹을 것까지 직접 나누어 주시다니요. 흐흐흑……."

백성들은 달라진 임금님의 모습에 진심으로 감동하여 하나둘 엎드려 절을 올렸다.

"그동안 내가 백성들에게 크게 잘못하였소. 앞으로는 내 반드시 좋은 임금이 되어 우리 백성들이 고생하지 않도록 하겠소. 백성 모두를 배불리 먹이고, 번듯하게 입히고, 편안하게 재우는 임금이 될 것이오."

임금님은 하나하나 손을 잡아 엎드려 절하는 백성들을 일으켰다. 거칠고 투박한 백성들의 손은 임금님의 마음을 찡하게 만들었다. 임금님의 진정 어린 말에 백성들은 눈물을 흘리면서 기뻐했다.

"에헤라디야. 우리 임금님이 최고일세."

"우리 임금님 만세다, 만세!"

"임금님 만세!"

때마침 어디선가 신나는 풍물 소리가 터져 나왔다. 모두가 흥겹게 어깨를 들썩거리면서 춤을 추었다.

"어, 저기 보세요. 임금님한테 글자가 나타났어요."

이를 지켜보면서 빙긋이 웃고 있던 수아의 눈이 갑자기 동그래졌다. 자래와 천년손이도 놀란 눈으로 임금님을 쳐다보았다.

"어, 글자다."

"드디어 글자가 나타났어!"

자래와 천년손이가 동시에 외쳤다. 임금님의 어깨에서 글자들이 **휘황찬란**(輝煌燦爛)하게 황금빛을 뿜어 대고 있었다. 등 뒤로 후광이 비칠 정도로 밝고 찬란한 글자들이었다.

"저건……. 개과(改過), 잘못을 뉘우친다는 뜻인데, 그 옆의 글자들은 뭐지?"

천년손이가 아직 잘 모르는 글자들이었다.

"개과 옆의 글자들은 두 갠데, 으음, 하나는 천(遷), 바꾼다는 뜻이고, 그 옆은 선(善)이야. 착하다는 뜻이지."

"그럼 천선(遷善)이네. 착하게 바뀌었다는 뜻이잖아?"

천년손이는 임금님의 어깨에 나타난 글자들이 어떤 뜻인지 금방 알아차렸다.

"**개과천선**(改過遷善)! 잘못을 뉘우치고, 착하게 바뀌었다는 뜻이야. 와, 지금 임금님의 모습에 딱 어울리는 말이네."

"사실 용기를 내지 않으면 사람들 앞에서 잘못을 인정하고 착한 모습으로 달라지는 건 정말 어려운 일이야."

"그렇다면 개과천선은 세상에서 가장 용감한 사자성어잖아?"

자래와 천년손이는 어안이 벙벙해진 얼굴로 마주 보았다.

"어머, 오라버니. 그럼 우리가 여태 찾아내지 못했던 임금님의 글자들이 바로 개과천선이었군요. 세상에……. 우리가 글자들을 또 찾아낸 거예요."

수아가 좋아서 호호호 하고 웃었다.

"와, 스승님이 좋아하시겠다. 하하하."

천년손이는 웃으면서 임금님에게 다가갔다.

임금님의 행렬은 그새 졸졸 흐르는 개울물 아래까지 다다랐다. 임금님은 다리 아래에 모여 사는 거지들에게 먹을 것과 입을 것을 아낌없이 나누어 주었다.

"이 비단을 밑천으로 꼭 가족들에게 돌아가도록 하시오. 알겠소?"

임금님은 한 사람 한 사람 손을 잡으며 부드럽게 웃어 주었다.

"아이고, 임금님. 저희가 이리 좋은 **비단옷을 들고 고향에 돌아간다면** 그야말로 **금의환향**(錦衣還鄕) 아니겠습니까. 참으로 고맙습니다."

"**각골난망**(刻骨難忘), 이 은혜는 **뼈에 새길 만큼 오래도록 잊지 않겠습니다**. 참말로 고맙습니다. 임금님."

다들 눈물을 흘리면서 임금님에게 고마워했다.

"거지들도 이제 먹을 게 있고, 고향으로 돌아가게 됐어."

"응. 모두 다 잘돼서 **천만다행**(千萬多幸)이야. 우린 이제 글자들을 불러 보자."

천년손이와 자래, 수아가 임금님에게 다가가려는데 멀리서 휘이잉 하고 바람이 세차게 불어왔다. 그러더니 갑자기 하늘이 까맣게 변하고 어둠이 밀려들었다. 거지들과 임금님은 어떻게 된 일인지 몰라서 어리둥절했다.

그때 임금님과 천년손이 삼인방을 둘러싸고 둥그스름한 막이 하나 눈 깜짝할 새에 생겨났다.

"이건 뭐야?"

막 바깥으론 거지들과 병사들이 입을 뻥긋 벌린 채 그대로 멈춰 있었다. 바람에 날리던 나뭇잎마저 허공에 그대로 멈췄다.

"어, 결계다!"

천년손이가 놀란 눈으로 외쳤다.

"시간이 멈췄잖아? 누가 이런 결계를 친 거지?"

바깥쪽은 시간이 멈추고 임금님과 천년손이 삼인방이 있는 막 안쪽만 시간이 흐르고 있었다.

"이게 다 무슨 일이지? 이 막은 또 뭐야?"

인간 중에서는 혼자만 막 안에 갇힌 임금님은 영문을 몰라서 눈이 동그래졌다.

"임금님, 이쪽으로 오세요."

수아가 소리쳤다.

"어, 이 목소리는 꿈에서 들은 여우 귀 목소리인데?"

임금님이 놀란 눈으로 천년손이와 자래, 수아를 쳐다보았다.

"흥, 누구 맘대로!"

팔짱을 낀 채 날카로운 눈빛으로 쳐다보고 있는 건 다름 아닌 검은 매화단 무리였다.

"심술귀 녀석이 찾지 못했던 글자들이 저기에 있다."

단주가 외쳤다.

"가서 저 임금인가 하는 녀석을 잡아 와라."

단주가 손을 앞으로 까딱하자, 검은 매화단이 순식간에 임금님을 둘러쌌다.

 한바탕 소동
# 화룡점정(畵龍點睛)

 "아니, 이 목소리는 내가 꿈에서 들었던 바로 그 목소리들인데? 그럼 그게 다 꿈이 아니었단 말인가?"

 어리둥절한 표정의 임금님에게 검은 매화단이 휘이익, 소리를 내면서 검은 밧줄을 던졌다. 검은 밧줄은 살아 있기라도 한 것처럼 임금님에게 날아가 온몸을 꽁꽁 묶어 버렸다.

 "수아야, 화살을 쏴!"

 천년손이가 임금님에게 달려가면서 소리쳤다.

 수아가 소매에서 작은 활을 꺼내어 입김을 훅, 불어 넣자 활이 커다랗게 변했다. 손에 도력을 싣고 힘주어 당기자 투명한 화살이 생겨났다. 수아가 활을 탁, 소리가 나게 놓자 투명 화살은 피유웅 날아가 검은 밧줄을 정확히 반으로 끊어 놓았다.

"으아악!" 하는 소리와 함께 임금님은 그대로 바닥에 나뒹굴었다.

"임금을 잡아라, 이번엔 글자들을 놓치면 안 된다!"

"예, 단주님!"

**여럿이지만 한 몸처럼 일사불란**(一絲不亂)하게 움직이던 검은 매화단이 칼을 들고 임금님에게 달려들었다.

"자래야, 벽파검을 써!"

천년손이가 소매에서 부적을 꺼내 허공으로 던지면서 외쳤다. 천년손이가 허공으로 던진 부적들은 펑, 펑, 소리를 내면서 커지더니, 그대로 투명한 가림막이 돼서 임금님을 에워쌌다.

"임금님, 그 투명 가림막 뒤에 그대로 계세요!"

천년손이가 외치는 소리에, 임금님은 머리를 감싼 채 엎드렸다. 천년손이가 허공으로 다시 부적들을 던졌다. 부적은 펑, 펑, 소리를 내면서 은빛 단검으로 변했다.

"날아라, 단검!"

천년손이가 주문을 외웠다. 은빛 단검들은 살아 있기라도 한 것처럼 어지럽게 회오리를 그리며 검은 매화단 앞을 막아섰다. 검은 매화단은 쏟아지는 은빛 단검을 챙챙, 요란하게 소리내며 막아 냈다.

"오라버니, 조심해요!"

천년손이가 단검을 날리며 임금님을 보호하는 사이, 수아는 빠르게 투명 화살을 쏘아 댔다. 투명 화살은 검은 매화단에게 쉴 새 없이 날아갔다.

"방패로 화살을 막아라!"

부단주가 외치는 소리에 검은 매화단은 품에서 재빨리 방패를 꺼내 들었다. 검은 방패에는 하얀 매화가 한 송이씩 그려져 있었다. 수아가 쏜 투명 화살이 검은 방패에 꽂히는가 싶더니, 펑, 하는 소리를 내면서 다시 천년손이 삼인방에게 되돌아 날아갔다.

"화살이 되돌아온다. 피해!"

천년손이가 소리쳤다.

"오라버니, 피해요!"

수아가 놀라서 피융, 하고 투명 화살을 날리다가 멈칫했다.

"이때를 놓치지 마라!"

검은 매화단은 그 사이에 다시 임금님에게로 달려들었다. 천년손이의 은빛 단검들이 어지럽게 날아들면서 검은 매화단을 막아섰다. 검은 매화단도 이에 질세라 칼을 힘껏 휘둘렀다. 은빛 단검이 **사방팔방**(四方八方)에서 날아다니고, 투명 화살 또한 여기저기에서 마구 쏟아졌다.

이번에는 자래가 벽파검을 꺼내 들었다.

"천년손이야, 수아야, 조심해!"

벽파검은 자래의 손에서 웅웅 소리를 내면서 부르르 떨었다. 벽파검이 밖으로 나오자 결계 안은 바다 내음으로 자욱해졌다.

"벽파검이다, 녀석이 벽파검을 쓴다. 조심해라!"

자래는 결계 한가운데를 흐르던 개울물에 벽파검을 담갔다가 하늘을 향해 힘껏 물방울을 흩뿌렸다.

"**천하제일**(天下第一) 검법! 제3장 **화룡점정**(畵龍點睛)!"

자래는 벽파검으로 마치 점이라도 찍는 것처럼 허공의 한가운데를 겨냥해서 힘껏 꾹꾹 누르는 시늉을 했다.

"녀석을 막아라, 벽파검이 물을 만나면 안 돼!"

단주가 소리쳤다. 검은 매화단이 검은 방패를 들고 사방에서 자래를 공격해 왔다. 하지만, 이미 자래가 물을 묻힌 벽파검으로 **용의 눈을 그리는 화룡점정** 검법을 펼친 다음이었다.

조용히 흐르던 개울물은 순간, 우르릉 소리를 내면서 거대한 푸른 용으로 변해 하늘로 솟구쳤다. 그리고는 허공에서 입을 커다랗게 벌린 채 검은 매화단에게 후드득 쏟아져 내렸다. 거대한 푸른 용은 순식간에 검은 매화단을 집어삼켰다.

"피…… 피해야 한……!"

검은 매화단 머리 위로 시원하게 물줄기가 쏟아졌다.

"아이고, 아파라……."

"아야, 아야, 아이고……."

세찬 물줄기에 신나게 얻어맞은 검은 매화단 입에선 신음 소리가 터져 나왔다.

"단…… 단주님! 이를 어찌할까요!"

부단주가 부상을 입은 어깨를 감싸면서 물었다.

"벽파검의 위력이 이토록 대단하다니……. 흥…….''

단주는 분하다는 듯 중얼거렸다.

"단주님, 저 녀석들 도술 **실력이 눈에 띄게 늘었습니다. 괄목 상대**(刮目相對)란 말이 딱 맞지 않습니까. 이제 어찌합니까."

부단주가 안타까운 듯 중얼거렸다.

"괜찮다. 모든 게 내 계획대로 돌아가고 있다. 녀석들의 도술 실력도 확인한 데다 녀석들이 임금에게 빠져 있는 새에 다른 글자들을 얻지 않았느냐. 우리가 나머지 글자들도 모두 차지하면 된다. 어서 움직이자."

"네, 알겠습니다. 단주님."

펑, 하는 소리와 함께 검은 매화단은 어디론가 홀연히 사라졌다.

검은 매화단의 이런 꿍꿍이를 모르는 천년손이와 수아, 자래는 얼굴이 환해졌다.

"오라버니, 우리가 검은 매화단을 물리쳤어요. 호호호."

수아가 밝게 웃었다.

"자래야, 대단한데? 너 방금 천하제일 검법 제3장까지 해냈어!"

천년손이가 자래에게 함박웃음을 지어 보였다.

"응. 이게 다 깨달음의 두루마리 덕분이야. 하하하."

자래가 뿌듯해하며 웃었다.

"아니, 이게 다 어찌 된 일입니까."

임금님은 투명 가림막 뒤에서 간신히 걸어 나왔다.

"혹시 지난번 꿈에서 뵈었던 그분들이십니까."

임금님은 놀라서 동그래진 눈으로 물었다.

"그렇습니다. 우리가 임금님의 꿈으로 찾아갔습니다."

자래가 빙긋이 웃었다. 자래의 목덜미에 있는 푸른 비늘을 확인한 임금님의 눈이 더욱 동그래졌다.

"그럼 이분은? 그때 그 여우 귀신?"

임금님은 수아의 쫑긋거리는 여우 귀를 보면서 물었다.

"그렇습니다. 여우 귀신은 아니고, 구미호랍니다. 호호호."

수아가 수줍게 웃었다.

"저는 천년손이라는 신선입니다. 아직 닥락궁 도술학교에서 도술을 공부하는 신선 후보생이지요. 임금님도 아시겠지만, 지금 보셨던 이 일들은 세상에 알려져서는 안 됩니다. 임금님의 기억을 지워야 합니다."

천년손이가 부적을 소매에서 꺼냈다.

"아, 아닙니다. 제가 앞으로 잘못 행동할 때마다 오늘의 일을 **금과옥조**(金科玉條)로 삼고, 되새길 것입니다. 기억을 지우지 마십시오."

임금님은 손을 내저으면서 부드럽게 웃었다.

"금과옥조, 그러니까 **금이나 옥처럼 귀중한 교훈으로 삼는다**고요?"

순간, 임금님의 어깨에 새로운 글자들이 나타났다.

"임금님의 몸에 글자들이 또 있었네?"

"아, 제 몸에 글자가 붙어 있었나요?"

"네. 저희는 그 글자들을 되찾으러 왔답니다."

"그럼 어서 찾아가시지요."

임금님은 고개를 마구 끄덕였다.

"**개과천선**(改過遷善), **잘못을 뉘우치고, 착한 사람이 된다**! 금과옥조, 금이나 옥처럼 귀중한 규칙을 지키다!"

천년손이는 임금님의 어깨에서 여전히 밝게 빛나는 글자를 향해 또박또박 힘주어 말했다. 그러자 눈부신 황금빛이 번쩍하고 빛나더니 깨달음의 두루마리로 빨려 들어갔다. 새로 얻은 글자들 덕분에 두루마리에서는 힘찬 기운이 느껴졌다.

"고맙습니다, 임금님. 세상에서 가장 용감한 사자성어를 찾게 해 주셨군요."

천년손이와 자래, 수아가 공손하게 고개를 숙였다.

"예에. 오늘의 일을 잊지 않고 내내 새기면서 백성들을 위해 살아가겠습니다."

임금님도 정중하게 고개를 숙였다.

"임금님의 그 마음이 너무나 아름답습니다. 고맙습니다."

천년손이의 말에 기다렸다는 듯, 검은 매화단이 쳤던 둥그스름한 막도 스르르 녹아 사라졌다.

## 19 사라진 요술 부채
# 새옹지마(塞翁之馬)

 결계 밖에는 아름다운 무지개가 떠올랐다. 오색 기운이 빛나는 것이 예사롭지 않은 무지개였다. 무지개 아래 전대 복두장이었다가 쫓겨났던 김 씨 아저씨가 서 있었다. 김 씨 아저씨 뒤로는 은은하게 빛나는 검은 기운이 일렁거렸다.
"저기 봐. 도깨비 할아버지가 왔어."
 천년손이가 소곤거렸다.
"도깨비 할아버지가 김 씨 아저씨를 데려오신 거야."
 자래가 고개를 끄덕였다.
"검은 매화단이 도망치면서 대나무 숲의 결계도 깨졌을 거예요, 호호호. 이제 도깨비 할아버지도 마음이 편해지셨겠어요."

"그럼 **일파만파**(一波萬波) 메아리 도술도 필요 없게 된 건가? 하하하."

천년손이가 수아와 함께 웃었다.

"아니, 복두장! 복두장 아닌가."

뒤늦게 김 씨 아저씨를 발견한 임금님이 한달음에 달려가 두 손을 덥석 움켜쥐었다.

"왜 이제야 왔소. 내가 많은 잘못을 저질렀소. 복두장에게 참으로 부끄럽구려. 나 때문에 **노심초사**(勞心焦思) 얼마나 **마음고생**이 많았소."

임금님의 눈에 눈물이 고였다.

"임금님……. 저는 다 괜찮습니다. 사람 사는 일이 다 **새옹지마**(塞翁之馬) 아니겠습니까. **좋았다가도 나빠지고, 나빴다가도 다시 좋아지는 것**이지요. 다 괜찮습니다. 허허허."

김 씨 아저씨는 눈물을 닦으면서 웃었다.

그때 김 씨 아저씨 머리 위로 황금빛 기운이 어른거렸다. 그리고 보니 황금빛 글자들이 김 씨 아저씨의 희끗희끗한 머리 위로 옹기종기 붙어 있었다.

"와, 김 씨 아저씨한테도 글자가 있었나 봐."

천년손이와 수아, 자래가 동시에 외쳤다. 인간들 눈에는 보이지 않는 황금 글자들이었다. 임금님이나 김 씨 아저씨 모두 글자가 나타난 걸 전혀 눈치채지 못하고 있었다.

"아저씨, 잠깐만요."

천년손이는 사람들 몰래 두루마리를 펼쳐 들고 김 씨 아저씨에게 다가갔다. 자래가 나지막한 소리로 외쳤다.

"새옹지마, 어떤 것이 복이 될지 화가 될지는 두고 보아야

안다.”

황금빛이 번쩍 빛나더니 글자들이 쪼르륵 빨려 들어갔다. 깨달음의 두루마리에서는 웅웅거리는 소리가 났다.

“너희들은 그때 그 아이들 아니냐.”

김 씨 아저씨는 어리둥절했다.

“네, 하하하. 아저씨 덕분에 저희가 힘을 얻게 됐어요.”

천년손이와 자래가 소리 내서 큰 소리로 웃었다.

“힘을 얻어? 그건 또 무슨 말이냐?”

“하하. 이게 다 임금님과 아저씨 덕분이에요. 고맙습니다.”

수아가 활짝 웃었다.

그때 백성들이 하늘에 뜬 오색 무지개를 발견했다.

“앗, 무지개다!”

“우와, 무지개가 떴다.”

자래가 벽파검으로 결계를 깨뜨리면서 생겨난 무지개였다.

“우리 임금님이 백성을 사랑하는 성군이 되셔서 나타난 무지개야.”

“우리 임금님 만세!”

백성들은 임금님을 향해 만세를 외쳤다.

그날 비단을 받은 거지들은 모두 고향으로 **금의환향**(錦衣還鄕)해서 돌아갔다. 그리고 다리 근처에서 영롱한 무지개를 본 사람들은 이름 없던 다리를 무지개다리라 부르기 시작했다. 이제 거지들이 떠나간 무지개다리 아래에는 사람들이 **삼삼오오**(三三五五) 모여 장기를 두며 담소를 나누었다.

"그 소문 들었어?"

사람들 귀가 쫑긋 섰다.

"저기 아랫마을 살던 김 씨가 사실은 전대 복두장이었대."

"뭐어어? 전대 복두장이었다고? 그럼 김 씨가 임금님의 두건을 만들었단 말이야?"

"어쩐지, 바느질 솜씨가 예사롭지 않다 싶었어."

"그리 착한 사람이 어쩌다가 이름 없는 바느질쟁이로 살았을꼬."

다들 놀라서 눈이 휘둥그레졌다.

"왜는, 다 그게 그 못된 복두장 때문이지."

"아참, 그 못된 복두장은 어떻게 됐대?"

"어떻게 되긴. 저 멀리 외딴 섬으로 귀양을 갔다더라고."

"쯧쯧. 그렇게 못된 심보를 쓰니, 그러고도 싸지, 싸."

백성들은 고개를 절레절레 저었다.

"그게 끝이 아니야. 임금님이 이번에 김 씨를 불러서 다시 두건을 만들어 달라고 하셨대."

"두건을 왜? 임금님은 이제 두건을 안 쓰신다던데? 전에 만들었던 비단 두건들도 백성들한테 모두 나눠 주셨잖아."

"아니, 임금님의 두건 말고."

"그럼?"

"백성들이 쓸 수 있는 두건 말이야. 김 씨, 아니, 전대 복두장, 아니, 아니, 새로 오신 복두장에게 두건을 만들어 백성들에게 나눠 주라고 하셨대."

장기 말을 손에 쥔 채 사람들은 아아, 하고 감탄하는 소리를 냈다.

"세상에, 우리 임금님이 사실은 이렇게 훌륭한 분이셨다니깐. 허허허. 우린 이제 좋은 날만 남은 거야."

"맞아. 옛말에 **고진감래**(苦盡甘來)라고 했잖아. **고생 끝에 낙이 온다**더니, 우리도 이제 행복한 날만 남았나 봐."

"못된 복두장은 쫓겨나고, 착한 복두장은 임금님 곁으로 돌아왔으니, 그야말로 **화가 복으로 바뀌었네**."

"맞아, 맞아. 우리한텐 **전화위복**(轉禍爲福)이 되었네그려."

"아, 그나저나 장기 두는 사람 어디 갔나? 어서 좀 두게. 임금님 이야기만 나오면 좋아서 어찌할 바를 모른다니까. 허허허."

사람들의 웃음소리가 끊이질 않았다.

그 모습을 지켜보던 천년손이와 자래, 수아는 빙긋이 웃으며 돌아섰다.

"김 씨 아저씨는 임금님 곁으로 돌아갔고, 못된 복두장은 쫓겨났으니, 이곳에서 우리가 해야 할 일은 이제 모두 마친 거겠죠?"

수아가 웃으면서 물었다.

"으음, 아마도 그런 것 같은데?"

자래도 밝은 표정으로 고개를 끄덕였다.

"두루마리에서 힘찬 기운이 느껴져. 임금님에게 얻은 **금과옥조**(金科玉條)나 **개과천선**(改過遷善) 모두 정말로 대단한 글자들이야. 하하."

천년손이는 깨달음의 두루마리를 허공에 펼쳤다.

부드럽게 펄럭거리는 깨달음의 두루마리에 그림이 하나

나타났다.

"오라버니, 여기 좀 보세요. 자래야, 여기 봐."

커다란 나무 아래에 비단옷을 입은 남자가 앉아 있었다. 남자는 한 손에는 파란 부채를, 다른 손에는 빨간 부채를 쥐고 있었다.

"저건 그때 그 복두장, 아니 심술귀가 갖고 있던 부채야."

눈썰미가 좋은 자래는 부채가 누구의 것이었는지 금방 알아차렸다.

"저게 심술귀의 부채라고?"

천년손이가 놀란 눈으로 물었다.

"응. 지난번에 임금님 행차 때도 저 부채를 들고 있었어."

"맞아, 맞아. 임금님의 숙소에서도 그랬지."

수아가 맞장구를 쳤다.

"왜 저 사람이 심술귀의 부채를 가져간 거지?"

천년손이가 어리둥절한 눈으로 남자를 쳐다보았다. 남자가 파란 부채로 살랑살랑 부채질을 하는 순간, 남자의 코가 쑤우욱 길어졌다.

"히히히, 정말 재밌다, 재밌어. 이걸로 무슨 일을 할까나. 하

하하하."

남자가 낄낄거리면서 빨간 부채로 부채질을 하자, 코가 다시 쏘오옥 줄어들었다. 눈 깜짝할 새에 벌어진 일이었다.

"뭐야, 저건 요술 부채잖아?"

천년손이와 자래, 수아가 서로 마주 보았다. 깨달음의 두루마리에서 휘이익, 하는 소리가 들리는가 싶더니, 다음 순간 천년손이 삼인방은 두루마리로 빨려 들어가고 말았다.

신선 후보생들, 안녕.
이번에도 사자성어를 많이 모았니?
너희들이 사자성어를 열심히 모아 준 덕분에
닥락궁이 위기를 이겨낼 힘을 조금이나마 되찾았어. 고마워!

아참, 도깨비 할아버지는 어디로 갔냐고?
하하하. 궁금해?
사자성어 모으느라 고생이 많았으니,
특별히 너희 신선 후보생들한테만 살짝 이야기해 줄게.

도깨비 할아버지는 다시 복두장이 된 김 씨 아저씨한테 갔어.
도깨비감투에서 풀려 나온 실로 도자기도 꿰매고,
그림도 이어 붙이면서 백성들을 돕고 있지.

그럼 그 부채는 또 뭐냐고?
뭐긴, 새로운 글자들이 있는 곳이지.

뭐 해, 얼른 가자.
새로운 글자들을 찾으러!

| 새길 각 | 뼈 골 | 어려울 난 | 잊을 망 |
|---|---|---|---|
| 刻 | 骨 | 難 | 忘 |

입은 은혜에 대한 고마운 마음이 뼈에까지 사무쳐 잊히지 아니함.

**국어** 5학년 2학기
5. 여러 가지 매체 자료
  6학년 2학기
5. 글에 담긴 생각과 비교해요

| 느낄 감 | 슬퍼할 개 | 없을 무 | 헤아릴 량양 |
|---|---|---|---|
| 感 | 慨 | 無 | 量 |

마음속의 감동이 이루 헤아릴 수 없이 깊음.

**국어** 4학년 2학기
9. 감동을 나누며 읽어요
  5학년 2학기
1. 마음을 나누며 대화해요

| 달 감 | 말씀 언 | 이로울 리이 | 말씀 설 |
|---|---|---|---|
| 甘 | 言 | 利 | 說 |

달콤한 말과 득이 되는 이야기라는 뜻으로, 남의 비위에 맞추어 꾀어내는 말.

**국어** 4학년 2학기
9. 감동을 나누며 읽어요

| 고칠 개 | 지날 과 | 옮길 천 | 착할 선 |
|---|---|---|---|
| 改 | 過 | 遷 | 善 |

지난날의 잘못을 깨닫고 바로잡아 선해짐.

**국어** 5학년 1학기
10. 주인공이 되어

| 볼 견 | 물건 물 | 날 생 | 마음 심 |
|---|---|---|---|
| 見 | 物 | 生 | 心 |

물건을 보면 탐이 나고 욕심이 생긴다는 뜻.

**국어** 6학년 1학기
5. 속담을 활용해요
  6학년 2학기
8. 작품으로 경험하기

| 외로울 고 | 설 립입 | 없을 무 | 도울 원 |
|---|---|---|---|
| 孤 | 立 | 無 | 援 |

**국어** 6학년 2학기
2. 관용 표현을 활용해요

외따로 떨어져 도움을 받을 곳이 없음.

| 쓸 고 | 다할 진 | 달 감 | 올 래 |
|---|---|---|---|
| 苦 | 盡 | 甘 | 來 |

**사회** 3학년 1학기
2. 우리가 알아보는 고장 이야기

**국어** 4학년 2학기
1. 이어질 장면을 생각해요

쓴맛이 다하면 단맛이 온다는 뜻으로, 고생 끝에 낙이 온다는 말.

| 긁을 괄 | 눈 목 | 서로 상 | 대할 대 |
|---|---|---|---|
| 刮 | 目 | 相 | 對 |

**사회** 3학년 1학기
3. 교통수단의 변화

**국어** 5학년 1학기
10. 주인공이 되어

눈을 비비고 상대를 본다는 말로, 학식이나 재주가 부쩍 늘었음을 일컫는 말.

| 권할 권 | 착할 선 | 징계할 징 | 악할 악 |
|---|---|---|---|
| 勸 | 善 | 懲 | 惡 |

**국어** 4학년 2학기
3. 바르고 공손하게

착한 행실을 권장하고 악한 행실을 징계함.

| 쇠 金 | 과목 과 | 구슬 옥 | 가지 조 |
|---|---|---|---|
| 金 | 科 | 玉 | 條 |

소중히 여기면서 꼭 지켜야 할 규칙이나 교훈.

국어 5학년 2학기
5. 여러 가지 매체 자료
6학년 1학기
5. 속담을 활용해요

| 쇠 金 | 은 은 | 보배 보 | 재물 화 |
|---|---|---|---|
| 金 | 銀 | 寶 | 貨 |

금, 은, 옥, 진주 등의 매우 귀중한 물건.

사회 3학년 1학기
2. 우리가 알아보는 고장 이야기
국어 5학년 1학기
10. 주인공이 되어

| 비단 금 | 옷 의 | 돌아올 환 | 시골 향 |
|---|---|---|---|
| 錦 | 衣 | 還 | 鄕 |

비단옷을 입고 고향에 돌아온다는 뜻으로, 출세를 하여 고향에 돌아옴.

사회 3학년 1학기
3. 교통과 통신수단의 변화
국어 6학년 2학기
2. 관용 표현을 활용해요

| 기이할 기 | 문 문 | 숨을 둔 | 갑옷 갑 |
|---|---|---|---|
| 奇 | 門 | 遁 | 甲 |

자유자재로 숨거나 몸을 바꾸는 술법.

국어 5학년 1학기
2. 작품을 감상해요

| 성낼 노로 | 필 발 | 클 대 | 필 발 | |
|---|---|---|---|---|
| 怒 | 發 | 大 | 發 | 국어 4학년 2학기<br>4. 이야기 속 세상 |
| 매우 심하게 화를 냄. | | | | |

| 일할 노로 | 마음 심 | 탈 초 | 생각 사 | |
|---|---|---|---|---|
| 勞 | 心 | 焦 | 思 | 국어 5학년 2학기<br>1. 마음을 나누며 대화해요<br>6학년 1학기<br>5. 속담을 활용해요 |
| 몹시 마음을 쓰며 속을 태우는 상황. | | | | |

| 능할 능 | 손 수 | 능할 능 | 빛날 란난 | |
|---|---|---|---|---|
| 能 | 手 | 能 | 爛 | 국어 5학년 2학기<br>7. 중요한 내용을 요약해요 |
| 일 따위에 익숙하고 솜씨가 좋음을 이르는 말. | | | | |

| 많을 다 | 뜻 정 | 많을 다 | 느낄 감 | |
|---|---|---|---|---|
| 多 | 情 | 多 | 感 | 국어 4학년 2학기<br>3. 바르고 공손하게 |
| 정이 많고 감수성이 풍부함. | | | | |

| 한가지 동 | 평상 상 | 다를 이리 | 꿈 몽 |
|---|---|---|---|
| 同 | 床 | 異 | 夢 |

같은 자리에서 서로 다른 꿈을 꾸듯, 같은 행동을 하지만 속셈은 서로 다름을 이르는 말.

**국어** 4학년 2학기
5. 의견이 드러나게 글을 써요
8. 생각하며 읽어요

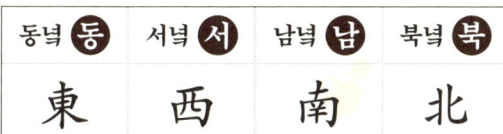

| 동녘 동 | 서녘 서 | 남녘 남 | 북녘 북 |
|---|---|---|---|
| 東 | 西 | 南 | 北 |

동쪽, 서쪽, 남쪽, 북쪽의 사방.

**국어** 6학년 2학기
5. 글에 담긴 생각과 비교해요

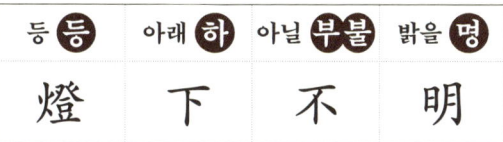

| 등 등 | 아래 하 | 아닐 부불 | 밝을 명 |
|---|---|---|---|
| 燈 | 下 | 不 | 明 |

등잔 밑이 어둡다는 뜻으로, 가까이 있으면 오히려 알기 어려움을 이르는 말.

**국어** 6학년 2학기
2. 관용 표현을 활용해요

| 찰 만 | 마당 장 | 한 일 | 이를 치 |
|---|---|---|---|
| 滿 | 場 | 一 | 致 |

모든 사람의 의견이 완전히 일치함.

**국어** 4학년 2학기
6. 본받고 싶은 인물을 찾아봐요

5학년 1학기
6. 토의하여 해결해요

| 아득할 망 | 그럴 연 | 스스로 자 | 잃을 실 |
|---|---|---|---|
| 茫 | 然 | 自 | 失 |

제정신을 잃고 어리둥절한 상태.

**국어** 6학년 2학기
1. 작품 속 인물과 나

| 꺼질 멸 | 문 문 | 갈 지 | 재앙 화 |
|---|---|---|---|
| 滅 | 門 | 之 | 禍 |

국어 5학년 1학기
8. 아는 것과 새롭게 안 것

한 가문이 멸망에 이르는 커다란 재앙.

| 밝을 명 | 같을 약 | 볼 관 | 불 화 |
|---|---|---|---|
| 明 | 若 | 觀 | 火 |

국어 6학년 2학기
5. 글에 담긴 생각과 비교해요

불을 보듯 뻔한 일, 더할 나위 없이 명백함.

| 눈 목 | 아닐 부·불 | 참을 인 | 볼 견 |
|---|---|---|---|
| 目 | 不 | 忍 | 見 |

국어 6학년 2학기
8. 작품으로 경험하기

눈 뜨고 차마 볼 수 없을 정도의 상황.

| 없을 무 | 다할 궁 | 없을 무 | 다할 진 |
|---|---|---|---|
| 無 | 窮 | 無 | 盡 |

사회 3학년 1학기
3. 교통과 통신수단의 변화

국어 6학년 2학기
3. 타당한 근거로 글을 써요

끝이 없고 다함이 없음을 형용해 이르는 말.

| 칠 拍 | 손바닥 掌 | 클 大 | 웃음 笑 |
|---|---|---|---|
| 拍 | 掌 | 大 | 笑 |

국어 1학년 2학기
3. 문장으로 표현해요
5. 알맞은 목소리로 읽어요
사회 4학년 1학기
2. 우리가 알아보는 지역의 역사

손뼉을 치면서 크게 웃음.

| 넓을 博 | 배울 學 | 많을 多 | 알 識 |
|---|---|---|---|
| 博 | 學 | 多 | 識 |

국어 3학년 1학기
9. 어떤 내용일까
사회 4학년 1학기
2. 우리가 알아보는 지역의 역사

학문이 넓고 식견이 높음.

| 흰 白 | 뼈 骨 | 어려울 難 | 잊을 忘 |
|---|---|---|---|
| 白 | 骨 | 難 | 忘 |

국어 4학년 2학기
7. 독서 감상문을 써요

죽어 백골만 남아도 잊지 못할 은혜라는 뜻으로, 남에게 큰 덕을 입었을 때 쓰는 말.

| 일백 百 | 필 發 | 일백 百 | 가운데 中 |
|---|---|---|---|
| 百 | 發 | 百 | 中 |

국어 4학년 2학기
4. 이야기 속 세상

백 번 쏘아 백 번 맞음, 즉 쏘기만 하면 명중함.

| 부유할 부 | 귀할 귀 | 영화 영 | 빛날 화 |
|---|---|---|---|
| 富 | 貴 | 榮 | 華 |

국어 4학년 2학기
9. 감동을 나누며 읽어요

부유하고 귀한 대우를 받으며 온갖 영광을 누림.

| 아닐 비 | 꿈 몽 | 닮을 사 | 꿈 몽 |
|---|---|---|---|
| 非 | 夢 | 似 | 夢 |

국어 4학년 2학기
9. 감동을 나누며 읽어요

꿈인지 생시인지 어렴풋한 상태.

| 넉 사 | 돌아볼 고 | 없을 무 | 친할 친 |
|---|---|---|---|
| 四 | 顧 | 無 | 親 |

국어 3학년 2학기
9. 작품 속 인물이 되어

사방을 둘러봐도 친척이 없다는 뜻으로, 의지할 만한 사람이 없다는 말.

| 넉 사 | 모 방 | 여덟 팔 | 모 방 |
|---|---|---|---|
| 四 | 方 | 八 | 方 |

국어 6학년 2학기
5. 글에 담긴 생각과 비교해요

네 방향과 여덟 방향이란 뜻으로, 여러 방향과 모든 방면을 이르는 말.

| 죽일 살 | 몸 신 | 이룰 성 | 어질 인 |
|---|---|---|---|
| 殺 | 身 | 成 | 仁 |

국어 2학년 1학기
9. 생각을 생생하게 나타내요
3학년 1학기
10. 문학의 향기
사회 4학년 1학기
2. 우리가 알아보는 지역의 역사

자신의 몸을 희생해 옳은 일을 행함.

| 석 삼 | 석 삼 | 다섯 오 | 다섯 오 |
|---|---|---|---|
| 三 | 三 | 五 | 五 |

국어 6학년 1학기
2. 이야기를 간추려요

서너 명이나 대여섯 명이 모여 있는 모습.

| 석 삼 | 열 십 | 여섯 육(륙) | 셀 계 |
|---|---|---|---|
| 三 | 十 | 六 | 計 |

국어 6학년 1학기
5. 속담을 활용해요

서른여섯 가지의 계책이란 뜻으로, 불리할 때 달아나는 방법을 속되게 이름.

| 변방 새 | 늙은이 옹 | 갈 지 | 말 마 |
|---|---|---|---|
| 塞 | 翁 | 之 | 馬 |

국어 5학년 2학기
5. 여러 가지 매체 자료

변방에 사는 노인의 말이란 뜻이나, 인생의 길흉화복을 예측할 수 없다는 의미로 쓰임.

| 눈 설 | 위 상 | 더할 가 | 서리 상 |
|---|---|---|---|
| 雪 | 上 | 加 | 霜 |

국어 3학년 2학기
4. 감동을 나타내요
사회 4학년 1학기
2. 우리가 알아보는 지역의 역사

눈 위에 서리가 내리듯 어려운 일이 겹침을 이르는 말.

| 묶을 속 | 손 수 | 없을 무 | 꾀 책 |
|---|---|---|---|
| 束 | 手 | 無 | 策 |

국어 5학년 1학기
8. 아는 것과 새롭게 안 것

상황을 알고 있음에도 손이 묶인 것처럼 어찌할 바를 몰라 꼼짝 못 한다는 말.

| 열 십 | 가운데 중 | 여덟 팔 | 아홉 구 |
|---|---|---|---|
| 十 | 中 | 八 | 九 |

국어 6학년 2학기
3. 타당한 근거로 글을 써요

열에 여덟이나 아홉이라는 말로, 거의 다 그럴 것이라는 추측.

| 사랑 애 | 갈 지 | 무거울 중 | 갈 지 |
|---|---|---|---|
| 愛 | 之 | 重 | 之 |

국어 4학년 2학기
7. 독서 감상문을 써요

지극히 사랑하며 소중히 여김.

| 다섯 오 | 마을 리 | 안개 무 | 가운데 중 |
|---|---|---|---|
| 五 | 里 | 霧 | 中 |

국어 4학년 1학기
1. 생각과 느낌을 나누어요

사회 6학년 1학기
1. 우리나라의 정치 발전

짙은 안개가 5리나 낀 것처럼 일의 갈피를 잡기 어렵다는 말.

| 용 룡 용 | 범 호 | 서로 상 | 두드릴 박 |
|---|---|---|---|
| 龍 | 虎 | 相 | 搏 |

국어 6학년 1학기
2. 이야기를 간추려요

용과 호랑이가 싸우듯 강자끼리 승패를 다툼.

| 오른쪽 우 | 갈 왕 | 왼쪽 좌 | 갈 왕 | |
|---|---|---|---|---|
| 右 | 往 | 左 | 往 | **국어** 4학년 1학기<br>9. 자랑스러운 한글 |

오른쪽으로 갔다 왼쪽으로 갔다 하며 가만히 있지 못하는 상태.

| 써 이 | 오랑캐 이 | 절제할 제 | 오랑캐 이 | |
|---|---|---|---|---|
| 以 | 夷 | 制 | 夷 | **국어** 5학년 1학기<br>10. 주인공이 되어 |

오랑캐를 이용해 오랑캐를 무찌른다는 말로, 적을 적으로 통제함을 뜻함.

| 인할 인 | 열매 과 | 응할 응 | 갚을 보 | |
|---|---|---|---|---|
| 因 | 果 | 應 | 報 | **국어** 4학년 2학기<br>독서단원. 책을 읽고 생각을 나누어요 |

좋은 일에는 좋은 결과가, 나쁜 일에는 나쁜 결과가 따른다는 말.

| 한 일 | 실 사 | 아닐 부(불) | 어지러울 란(난) | |
|---|---|---|---|---|
| 一 | 絲 | 不 | 亂 | **국어** 6학년 1학기<br>2. 이야기를 간추려요<br>5. 속담을 활용해요 |

한 올의 실도 흐트러지지 않을 정도로 질서가 잘 잡혀 있음.

| 한 일 | 닿을 촉 | 곧 즉 | 필 발 |
|---|---|---|---|
| 一 | 觸 | 卽 | 發 |

조그만 자극에도 큰일이 벌어질 것 같은 아슬아슬한 상태.

국어 3학년 2학기
7. 글을 읽고 소개해요
사회 6학년 1학기
1. 우리나라의 정치 발전

| 날 일 | 나아갈 취 | 달 월 | 장수 장 |
|---|---|---|---|
| 日 | 就 | 月 | 將 |

날마다 달마다 성장한다는 뜻으로 날이 갈수록 발전함을 이름.

국어 4학년 2학기
2. 마음을 전하는 글을 써요

| 한 일 | 물결 파 | 일만 만 | 물결 파 |
|---|---|---|---|
| 一 | 波 | 萬 | 波 |

하나의 물결이 여러 물결을 불러오듯 한 사건이 잇달아 많은 사건으로 번짐.

국어 6학년 2학기
5. 글에 담긴 생각과 비교해요

| 스스로 자 | 말미암을 유 | 스스로 자 | 있을 재 |
|---|---|---|---|
| 自 | 由 | 自 | 在 |

거침없이 자기 마음대로 할 수 있음.

국어 4학년 2학기
4. 이야기 속 세상
사회 6학년 1학기
2. 우리나라의 경제 발전

| 구를 전 | 재앙 화 | 할 위 | 복 복 |
|---|---|---|---|
| 轉 | 禍 | 爲 | 福 |

재앙이 바뀌어 오히려 복이 된다는 뜻.

**국어** 5학년 2학기
5. 여러 가지 매체 자료
**사회** 6학년 1학기
1. 우리나라의 정치 발전

| 점차 점 | 들 입 | 아름다울 가 | 지경 경 |
|---|---|---|---|
| 漸 | 入 | 佳 | 境 |

가면 갈수록 경치가 아름다워지듯 일이 점점 더 흥미로워짐을 비유하는 말.

**국어** 6학년 2학기
2. 관용 표현을 활용해요

| 알 지 | 도끼 부 | 벨 작 | 발 족 |
|---|---|---|---|
| 知 | 斧 | 斫 | 足 |

믿는 도끼에 발등 찍힌다는 뜻으로 믿는 사람에게 배신당함을 이름.

**국어** 6학년 2학기
연극단원. 함께 연극을 즐겨요

| 나아갈 진 | 물러날 퇴 | 두 량양 | 어려울 난 |
|---|---|---|---|
| 進 | 退 | 兩 | 難 |

나아갈 수도 물러날 수도 없어 이러지도 저러지도 못하는 처지.

**국어** 6학년 2학기
연극단원. 함께 연극을 즐겨요

| 일천 천 | 일만 만 | 많을 다 | 다행 행 |
|---|---|---|---|
| 千 | 萬 | 多 | 幸 |

매우 다행함.

**국어** 3학년 1학기
1. 재미가 톡톡톡

| 하늘 천 | 아래 하 | 차례 제 | 한 일 | |
|---|---|---|---|---|
| 天 | 下 | 第 | 一 | 국어 6학년 2학기<br>5. 글에 담긴 생각과 비교해요 |
| 하늘 아래 견줄 것 없이 대단함. | | | | |

| 동할 철 | 머리 두 | 통할 철 | 꼬리 미 | |
|---|---|---|---|---|
| 徹 | 頭 | 徹 | 尾 | 국어 5학년 2학기<br>7. 중요한 내용을 요약해요 |
| 머리에서 꼬리까지 통하듯, 처음부터 끝까지 철저함. | | | | |

| 슬퍼할 측 | 숨을 은 | 갈 지 | 마음 심 | |
|---|---|---|---|---|
| 惻 | 隱 | 之 | 心 | 국어 6학년 2학기<br>2. 관용 표현을 활용해요 |
| 안타깝고 가엾게 여기는 마음. | | | | |

| 겉 표 | 속 리(이) | 아닐 부 | 같을 동 | |
|---|---|---|---|---|
| 表 | 裏 | 不 | 同 | 국어 5학년 1학기<br>10. 주인공이 되어<br>5학년 2학기<br>7. 중요한 내용을 요약해요 |
| 겉으로 드러나는 언행과 속마음이 다름. | | | | |

| 두루미 학 | 머리 수 | 쓸 고 | 기다릴 대 | |
|---|---|---|---|---|
| 鶴 | 首 | 苦 | 待 | 국어 5학년 1학기<br>2. 작품을 감상해요<br>사회 6학년 1학기<br>8. 인물의 삶을 찾아서<br>5학년 2학기<br>2. 옛 사람들의 삶과 문화 |
| 학처럼 목을 길게 빼고 기다린다는 뜻으로, 몹시 기다림을 이르는 말. | | | | |

| 놀랄 해 | 괴이할 괴 | 그물 망 | 헤아릴 측 | |
|---|---|---|---|---|
| 駭 | 怪 | 罔 | 測 | 국어 4학년 2학기<br>8. 생각하며 읽어요 |
| 헤아릴 수 없이 기이하고 이상함. | | | | |

| 외로울 혈 | 외로울 혈 | 홀 단 | 몸 신 | |
|---|---|---|---|---|
| 孑 | 孑 | 單 | 身 | 사회 5학년 2학기<br>2. 옛 사람들의 삶과 문화<br>국어 6학년 1학기<br>5. 속담을 활용해요<br>6학년 2학기<br>연극단원. 함께 연극을 즐겨요 |
| 의지할 곳 없는 외로운 홀몸. | | | | |

| 그림 화 | 용 룡용 | 점 점 | 눈동자 정 | |
|---|---|---|---|---|
| 畵 | 龍 | 點 | 睛 | 국어 6학년 2학기<br>2. 관용 표현을 활용해요 |
| 용 그림에 눈동자를 그려 넣자 용이 승천했다는 이야기에서 비롯, 가장 중요한 부분을 완성함을 이르는 말. | | | | |

| 빛날 휘 | 빛날 황 | 빛날 찬 | 빛날 란 | |
|---|---|---|---|---|
| 輝 | 煌 | 燦 | 爛 | 국어 4학년 2학기<br>9. 감동을 나누며 읽어요<br>5학년 1학기<br>9. 여러 가지 방법으로 읽어요<br>사회 5학년 2학기<br>2. 옛 사람들의 삶과 문화 |
| 광채가 나서 눈부시게 번쩍임. | | | | |

**그림 캔지민**

캐릭터의 매력에 빠져 〈마법천자문〉 등 다수의 코믹스와 애니메이션 캐릭터를 만들어 왔다. 특히 화려한 액션 장면과 특수 효과가 가득한 판타지 세상을 좋아한다. 이번에 작가는 상상의 나래를 마음껏 펼치며 〈천방지축 천년손이와 사자성어 신비 탐험대〉 시리즈를 그려 냈다. 단행본, 웹툰, 애니메이션 분야에서 다양한 캐릭터 디자인을 맡으며 지금도 활발히 활동 중이다.

### 천방지축 천년손이와 사자성어 신비 탐험대 2

초판 1쇄 인쇄 2023년 9월 18일
초판 1쇄 발행 2023년 9월 25일

**지은이** 김성효
**그림** 캔지민
**발행인** 강선영·조민정
**디자인** 강수진
**펴낸곳** (주)앵글북스
**주소** 서울시 종로구 사직로8길 34 경희궁의 아침 3단지 오피스텔 407호
**문의전화** 02-6261-2015 **팩스** 02-6367-2020
**메일** contact.anglebooks@gmail.com

**ISBN** 979-11-87512-88-2 74810

ⓒ 김성효, 2023

\* 리틀에이는 ㈜앵글북스의 아동·청소년 브랜드입니다.
\* 이 책은 저작권법에 의해 보호를 받는 저작물이므로 무단 전재와 복제를 금하며 책 내용의 전부 또는 일부를 사용하려면 반드시 저작권자와 ㈜앵글북스의 서면 동의를 받아야 합니다.
   잘못된 책은 구입처에서 바꿔드립니다.